머리말

최근 '국어'가 대학 수학 능력(수능) 시험에서 가장 중요한 과목으로 등장하였습니다. '국어' 공부를 하지 않으면 원하는 대학에 가기 어렵고, 장밋빛 미래를 보장받을 수 없다는 생각을 하기 시작하였습니다. 그렇지만 '국어' 실력을 쌓기 위하여 무엇을, 언제, 어떻게 해야 하는지 아는 사람은 많지 않습니다.

'국어' 실력과 국어적 사고력은 짧은 시간 동안 빠르게 향상시킬 수 있는 것이 아닙니다. 그렇기 때문에 엄마 뱃속에 있을 때부터 이야기를 접하고, 태어나면서 그림동화를 비롯하여 여러 분야의 책을 단계적으로 접하여 각 분야의 배경지식을 확장해 나가야 합니다. 그리고 여러 배경지식을 바탕으로 다양한 유형의 글이나 말로 표현해 봄으로써 '국어' 실력을 쌓을 수 있습니다.

그러기 위해서 가장 기초적이고 기본적인 것이 제때 한글을 바르게 읽고 쓸 수 있는 능력을 잘 갖추는 것입니다. 『또바기와 모도리의 야무진 한글(또모야)』은 바로 이러한 생각을 바탕으로 편찬한 것입니다. 『또모야』를 통하여 한글을 터득하는 데에는 그리 오래 시간이 걸리지 않을 것입니다. 훈민정음 해례본에서는 '훈민정음(한글)'은 "슬기로운 사람은 하루아침에 배울 수 있고, 어리석은 자도 열흘이면 배울 수 있다."라고 하였습니다. 이 책을 공부하는 사람은 대부분 그러한 경험을 할 수 있을 것입니다.

『또모야』는 '4권-15대단원-73소단원'으로 구성되어 있으며, 각 소단원은 '왜 그럴까요→한 걸음, 두 걸음→실력이 쑥쑥→더 나아가기→글씨 쓰기 연습(부록)'으로 심화하였습니다. 한글을 처음 배우는 학습자들이 이 단계를 밟아 가면 한글과 한글 받아쓰기를 쉽게 익힐 수 있습니다. 이뿐만이 아니라 각 소단원에서 제시하고 있는 '원리'나 '규칙'을 이해해 가는 각 과정을 통하여 4차 산업혁명 시대가 요구하는 '국어적 사고력'을 기를 수 있습니다. 나아가 초등학교 교과서에 자주 등장하는 기본 어휘를 큐아르(QR) 코드, 소리, 그림, 만화, 놀이, 게임, 노래, 이야기 등을 통하여 쉽게 익혀, 초등학교 교과 학습에 필요한 국어 실력을 기를 수 있습니다.

한글과 한국어는 일상생활과 교과 학습을 위한 기초적이고 기본적인 도구입니다. 한글을 처음 접하는 시기에 쉽고 재미있게 공부하고, 우리 글과 말에 흥미를 갖도록 하는 것은 일상생활에 필요한 의사소통 능력은 물론이고 교과 학습과 전문적인 직업 세계에 요구되는 국어 실력, 국어적 사고 능력을 길러 주는 기반이 됩니다. 『또모야』로 우리 말과 글에 흥미도 가지고 기초적이고 기본적인 국어 능력도 다지시기를 바랍니다.

이병규

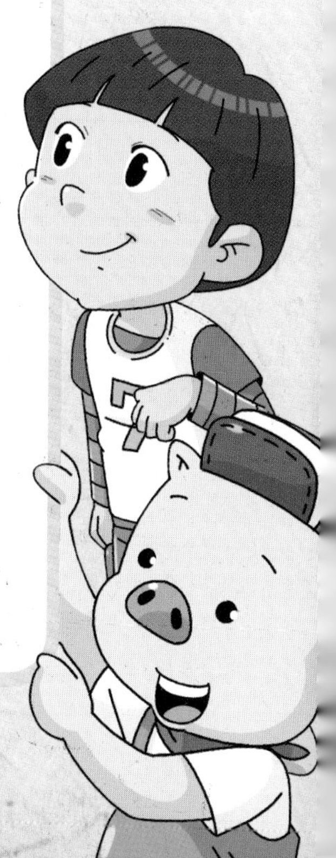

이래서 좋아요

학습 내용과 방법의 효과를 검증하였습니다.

『또모야』에서 구현하고 있는 학습 내용과 방법은 초등학교 1학년 학생들에게 적용하여 그 효과가 탁월하다는 것을 논문으로 검증한 후, 그 결과를 바탕으로 전권을 개발하였습니다.

한글 자음자와 모음자를 쉽게 배울 수 있습니다.

훈민정음 해례본에서는 '훈민정음(한글)'은 "슬기로운 사람은 하루아침에 배울 수 있고, 어리석은 자도 열흘이면 배울 수 있다."라고 했습니다. 그 이유는 상형(象形), 가획(加劃), 합용(合用)의 원리로 훈민정음을 만들었기 때문입니다.

기본 자음자 'ㄱ, ㄴ, ㅁ, ㅅ, ㅇ'과 기본 모음자 'ㆍ, ㅡ, ㅣ'를 '상형'[발음 기관과 천지인(天地人)을 본 뜸]의 원리에 따라 만들고, 각각을 가획(획을 더함: ㄴ → ㄷ → ㅌ)과 합용(기본 글자를 서로 더함: ㆍ + ㅣ → ㅓ)'의 원리로 문자를 확장해 갔기 때문에, 이 세 원리를 알면 한글을 쉽게 익힐 수 있습니다.『또모야』 1권, 2권에서는 이 세 가지 원리를 초등학생 인지 수준에 맞게 재해석하여 자음자, 모음자를 쉽게 익힐 수 있도록 31단계로 세분하였습니다.

한글 받아쓰기를 쉽게 익힐 수 있습니다.

『또모야』의 2권, 3권, 4권에서는 받아쓰기 학습에서 어려움을 겪는 말들(걸음[거름], 같이[가치], 학교[학꾜])을 익히기 위하여 그 위계를 42단계로 세분하였습니다. 받아쓰기 위계는 학습자의 인지 발달 수준에 맞게 한글 맞춤법을 재해석하여 구성하였습니다. 그리고 그 표기와 일치하지 않는 '표준 발음'을 큐아르(QR) 코드와 연결하여 글자와 발음을 비교하며 익힐 수 있도록 하였습니다. 이런 방식의 교재 구성은『또모야』가 최초라고 할 수 있습니다.

학습 단계가 매우 체계적입니다.

『또모야』는 모두 4권으로 분권되어 있으며, 대단원 15개 단계와 소단원 73개 단계로 체계화되어 있습니다. 각 소단원은 '왜 그럴까요 → 한 걸음, 두 걸음 → 실력이 쑥쑥 → 더 나아가기 → 글씨 쓰기 연습(부록)'으로 구성하여, 학습 내용을 쉬운 것에서 어려운 것으로, 단순한 것에서 복잡한 것으로, 낱말에서 구·문장으로 확장하였습니다.

재미있게 공부할 수 있습니다.

『또모야』는 추상적인 언어적 설명보다 교과서 수준에 버금가는 삽화나, 만화, 게임, 노래, 이야기, 십자풀이, 소리 등을 활용하였습니다. 특히 큐아르(QR) 코드를 활용하여 발음을 직접 듣고, 발음할 때 입모양의 변화를 확인할 수 있습니다.

스토리텔링 기법을 도입하여 흥미 있게 공부할 수 있습니다.

스토리텔링(story-telling) 기법을 도입하여 '모도리'와 '또바기'라는 등장인물을 설정하고 이들이 1권부터 4권까지 학습을 이끌어 가는 과정을 이야기화하여 학습자들이 흥미 있게 공부하고 오랜 시간 집중할 수 있습니다.

초등학생들을 가르친 경험이 풍부한 최고의 전문가들이 만들었습니다.

『또모야』의 저자들은 초등 국어 교육 및 한글 교육의 전문가이며, 초등학교에서 오랫동안 국어와 한글을 가르쳐 온 현장 전문가로, 이론과 교육 현장의 경험을 겸비하고 있습니다.

학습 어휘는 국어·사회·과학 등의 교과서에서 선정하였습니다.

『또모야』에서 사용하고 있는 낱말, 구, 문장 대부분은 초등학교 교과서와 초등학생용 국어사전을 바탕으로 하였습니다. 교과서에 나타나는 어휘를 빈도별로 정리한 국립국어원의『초등학교 교과서 어휘 빈도 조사』에서 어휘를 선정하고 초등학생용 국어사전과 교차 검토를 한 후, 의미적 난이도와 형태적 난이도를 고려하여 학습 어휘를 위계화하였습니다. 그래서 사회·과학 등 다른 과목 학습을 위한 배경지식도 넓힐 수 있습니다.

원리 학습을 통하여 사고력을 기를 수 있습니다.

『또모야』는 각 단원을 공부해 가는 과정에서 스스로 생각하여 문제를 해결할 수 있도록 구성함으로써, 인공지능(AI)으로 대표되는 4차 산업혁명 시대의 인재가 갖추어야 할 국어적 사고력을 기를 수 있습니다.

전권 내용 보기

1권

대단원 이름	소단원 번호	소단원 이름
1장 홑자음자와 소리	1	ㄱ, ㅋ을 알아봅시다
	2	ㄷ, ㅌ을 알아봅시다
	3	ㅁ, ㅂ, ㅍ을 알아봅시다
	4	ㅅ, ㅈ, ㅊ을 알아봅시다
	5	ㄴ, ㄹ을 알아봅시다
	6	ㅇ, ㅎ을 알아봅시다
2장 쌍자음자와 소리	7	ㄲ을 알아봅시다
	8	ㄸ, ㅃ을 알아봅시다
	9	ㅆ, ㅉ을 알아봅시다
3장 단순 모음자와 소리	10	ㅣ를 알아봅시다
	11	ㅏ, ㅑ를 알아봅시다
	12	ㅓ, ㅕ를 알아봅시다
	13	ㅡ를 알아봅시다
	14	ㅗ, ㅛ를 알아봅시다
	15	ㅜ, ㅠ를 알아봅시다
4장 글자의 짜임	16	자음자의 위치를 알아봅시다
	17	모음자의 위치를 알아봅시다
	18	글자를 만들어 봅시다

2권

대단원 이름	소단원 번호	소단원 이름	소단원 번호	소단원 이름
5장 복합 모음자와 소리	19	ㅐ, ㅔ를 알아봅시다	20	ㅒ, ㅖ를 알아봅시다
	21	ㅢ를 알아봅시다	22	ㅚ, ㅟ를 알아봅시다
	23	ㅘ, ㅝ를 알아봅시다	24	ㅙ, ㅞ를 알아봅시다
6장 받침과 소리	25	받침 ㅇ을 알아봅시다	26	받침 ㄱ을 알아봅시다
	27	받침 ㄴ을 알아봅시다	28	받침 ㄹ을 알아봅시다
	29	받침 ㅁ을 알아봅시다	30	받침 ㅂ을 알아봅시다
	31	받침 ㄷ을 알아봅시다		
7장 '받침소리' 넘어가기와 쓰기 마법	32	받침이 뒤 글자로 넘어가 소리 나요(걸음/거름)		
	33	받침이 뒤 글자로 넘어가 소리 나요(물을/무를)		
	34	받침이 뒤 글자로 넘어가 소리 나요(늘이다/느리다)		
	35	받침이 뒤 글자로 넘어가 소리 나요(깎아/까까)		
8장 '강한 소리' 되기와 쓰기 마법	36	ㄱ 받침 뒤의 글자가 강하게 소리 나요(깍두기/깍뚜기)		
	37	ㄷ 받침 뒤의 글자가 강하게 소리 나요(걷다/걷따)		
	38	ㅂ 받침 뒤의 글자가 강하게 소리 나요(입술/입쑬)		
	39	ㄴ, ㄹ, ㅁ, ㅇ 받침 뒤의 글자가 강하게 소리 나요(잠자리/잠짜리)		

3권

대단원 이름	소단원 번호	소단원 이름
9장 'ㅎ 소리'의 변신과 쓰기 마법	40	거친 소리가 나요(좋다/조타)
	41	거친 소리가 나요(좋고/조코)
	42	거친 소리가 나요(급히/그피)
	43	거친 소리가 나요(좋지/조치)
	44	ㅎ 소리가 사라져요(낳아/나아)
10장 '받침소리'의 변신과 쓰기 마법 1	45	ㄲ, ㅋ 받침이 ㄱ로 소리 나요(부엌/부억)
	46	ㅌ, ㅅ, ㅆ 받침이 ㄷ로 소리 나요(옷/옫)
	47	ㅈ, ㅊ 받침이 ㄷ로 소리 나요(꽃/꼳)
	48	ㅍ 받침이 ㅂ로 소리 나요(은행잎/은행입)
11장 '받침소리'의 변신과 쓰기 마법 2	49	ㄷ로 소리 나는 받침이 넘어가요(웃어른/우더른)
	50	ㄱ로 소리 나는 받침 뒤 자음자가 강하게 소리 나요(깎다/깍따)
	51	ㄷ로 소리 나는 받침 뒤 자음자가 강하게 소리 나요(돛단배/돋딴배)
	52	ㅂ로 소리 나는 받침 뒤 자음자가 강하게 소리 나요(잎사귀/입싸귀)
12장 'ㄷ, ㅌ'의 변신과 쓰기 마법	53	자음자의 소리가 바뀌어요(해돋이/해도지)
	54	자음자의 소리가 바뀌어요(같이/가치)
	55	자음자의 소리가 바뀌어요(닫히다/다치다)

4권

대단원 이름	소단원 번호	소단원 이름
13장 '콧소리 · 흐름소리' 되기와 쓰기 마법	56	콧소리로 바뀌어 소리 나요(학년/항년)
	57	콧소리로 바뀌어 소리 나요(거짓말/거진말)
	58	ㄴ로 소리 나요(쌓는/싼는)
	59	콧소리로 바뀌어 소리 나요(밥물/밤물)
	60	콧소리로 바뀌어 소리 나요(음료수/음뇨수)
	61	흐름소리로 바뀌어 소리 나요(줄넘기/줄럼끼)
14장 '겹받침 소리'의 변신과 쓰기 마법	62	겹받침의 앞 자음자가 소리 나요(앉는다/안는다)
	63	겹받침의 뒤 자음자가 소리 나요(닮는다/담는다)
	64	겹받침이 넘어 가요(앉아/안자)
	65	겹받침이 헷갈려요(넓다/널따, 밟다/밥따)
	66	겹받침이 헷갈려요(맑다/막따, 맑고/말꼬)
15장 헷갈리는 말과 쓰기 마법	67	강한 소리가 나면 받침에 ㅅ을 써 줘요(나뭇가지/나무까지)
	68	ㄴ 소리가 생기면 받침에 ㅅ을 써 줘요(빗물/빈물)
	69	소리 나는 대로 쓰면 안 돼요(할게/할께)
	70	'이'나 '히'로 써요(깨끗이/솔직히)
	71	비슷해서 헷갈려요(맞히다/맞추다)
	72	비슷해서 헷갈려요(바람/바램)
	73	비슷해서 헷갈려요(돼요/되요)

이렇게 활용해요

단원을 시작하며

대단원(15개)의 도입 활동으로, 공부할 내용을 재미있는 이야기와 그림을 통하여 떠올리는 활동입니다.

한 걸음, 두 걸음

소단원에서 공부할 받아쓰기 핵심 요소를 그림, 소리와 함께 학습할 수 있습니다. 그리고 글씨 쓰기 공책에 연습할 수 있습니다.

실력이 쑥쑥

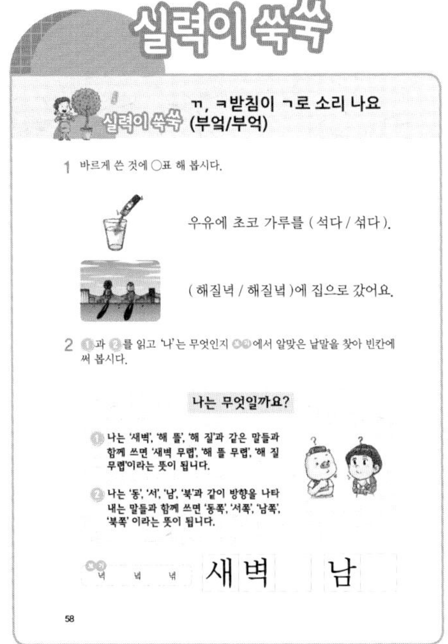

받아쓰기 핵심 요소를 그림, 노래, 이야기와 함께 문맥 속에서 심화 학습을 할 수 있습니다. 그리고 글씨 쓰기 공책에 연습할 수 있습니다.

왜 그럴까요?

40 왜 그럴까요? 거친 소리가 나요(좋다/조타)

1 모도리가 글자를 소리 나는 대로 쓰면 안 된다고 말한 이유를 생각해 봅시다.

나는 우리 집
강아지가 조타
조타
글자를 소리 나는 대로 쓰면 안 돼.

글씨 쓰기 연습 1~3쪽

2 자음자 ㅎ과 ㄷ의 소리가 합쳐져 나는 낱말입니다. 와 를 비교해 봅시다.

좋다	→ [조타]
맏형	→ [마텽]

생각하기1 와 를 비교하여 양쪽에 똑같이 있는 자음자나 모음자를 색칠하여 봅시다.

생각하기2 에서 색칠 안 한 자음자는 무엇인가요?

생각하기3 색칠 안 한 자음자는 어디로 갔을까요?

에서 색칠 안 한 자음자가 두 개이고, 에서 색칠 안 한 자음자가 한 개인 이유는, 의 두 개의 자음자가 하나로 합쳐져 소리 나기 때문이에요.
자음자 과 의 소리가 합쳐지면 [ㅌ]로 소리 나요.
하지만 쓸 때에는 각각의 자음자를 원래대로 살려 ㅎ과 ㄷ으로 나누어 써요.

13

소단원(73개) 학습을 위한 도입 활동으로, 소단원의 공부할 문제를 그림이나 만화를 통하여 떠올리고, 받아쓰기 원리를 깨칩니다.

더 나아가기

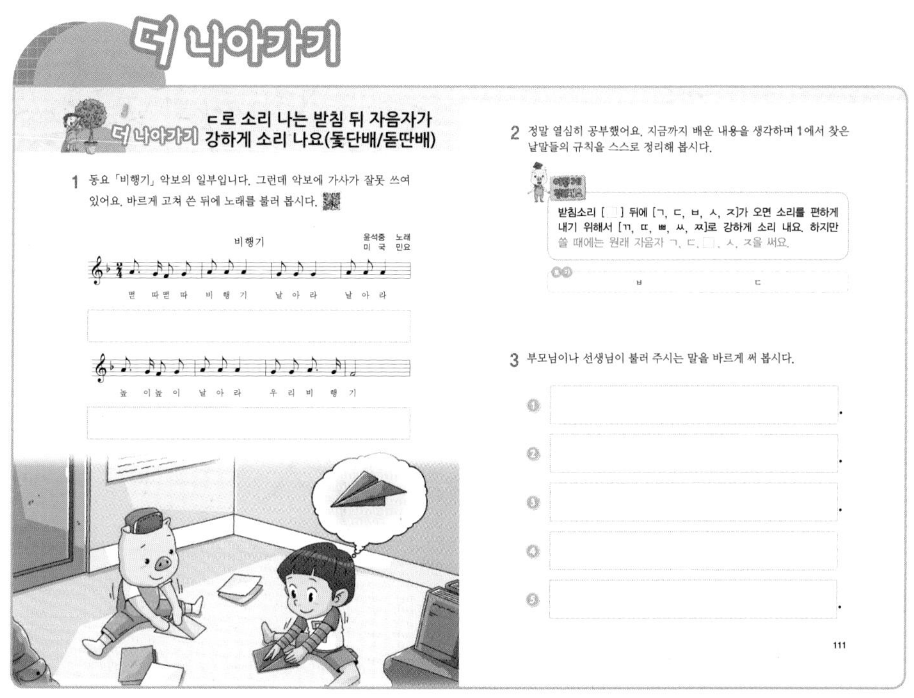

더 나아가기 ㄷ로 소리 나는 받침 뒤 자음자가 강하게 소리 나요(돛단배/돋딴배)

1 동요 「비행기」 악보의 일부입니다. 그런데 악보에 가사가 잘못 쓰여 있어요. 바르게 고쳐 쓴 뒤에 노래를 불러 봅시다.

2 정말 열심히 공부했어요. 지금까지 배운 내용을 생각하며 1에서 찾은 낱말들의 규칙을 스스로 정리해 봅시다.

받침소리 [ ] 뒤에 [ㄱ, ㄷ, ㅂ, ㅅ, ㅈ]가 오면 소리를 편하게 내기 위해서 [ㄲ, ㄸ, ㅃ, ㅆ, ㅉ]로 강하게 소리 내요. 하지만 쓸 때에는 원래 자음자 ㄱ, ㄷ, , ㅅ, ㅈ을 써요.

보기 ㅂ ㄷ

3 부모님이나 선생님이 불러 주시는 말을 바르게 써 봅시다.

①

②

③

④

⑤

111

배운 내용을 재미있는 활동으로 정리하고, 선생님이나 부모님이 불러 주는 주요 표현을 받아쓰기 활동을 통하여 보충·심화합니다. 주요 표현은 정답지에 제시합니다. 그리고 글씨 쓰기 공책에 연습할 수 있습니다.

학습 도우미

학습 도우미가 어떤 일을 하는지 알아봅시다.

✚ 원리가 쏙쏙

모도리가 한글 학습을 위한 핵심 원리를 가르쳐 줍니다. '모도리'는 우리말로 '빈틈없이 아주 야무진 사람'을 뜻합니다.

✚ 이렇게 정리해요

또바기가 배운 내용을 정리합니다. '또바기'는 '언제나 한결같이'를 뜻합니다.

✚ 생각하기

자기 주도적으로 원리를 깨치도록 이끄는 생각 키우기 질문입니다.

✚ 글자 쓰기

학습 대상의 글자 형태를 나타냅니다.

✚ 소리와 발음

학습 대상의 발음을 나타냅니다.

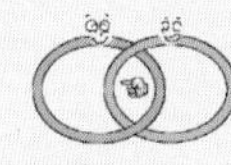

✚ 생각 고리

본 학습에 도움이 되는 관련 소단원을 나타냅니다.

✚ QR 코드

'표준 발음'을 큐아르(QR) 코드와 연결하여 글자와 발음을 비교하며 익힐 수 있습니다.

차례

11장 '받침소리'의 변신과 쓰기 마법 2

12장 'ㄷ, ㅌ'의 변신과 쓰기 마법

9장

'ㅎ 소리'의 변신과 쓰기 마법

- 'ㅎ'이 들어 있는 말을 읽고 쓰는 방법을 알아봅시다.

변신!

大

왜 그럴까요? 거친 소리가 나요(좋다/조타)

1 모도리가 글자를 소리 나는 대로 쓰면 안 된다고 말한 이유를 생각해 봅시다.

나는 우리 집
강아지가 조타

2 자음자 ㅎ과 ㄷ의 소리가 합쳐져 나는 낱말입니다. 와 를 비교해 봅시다.

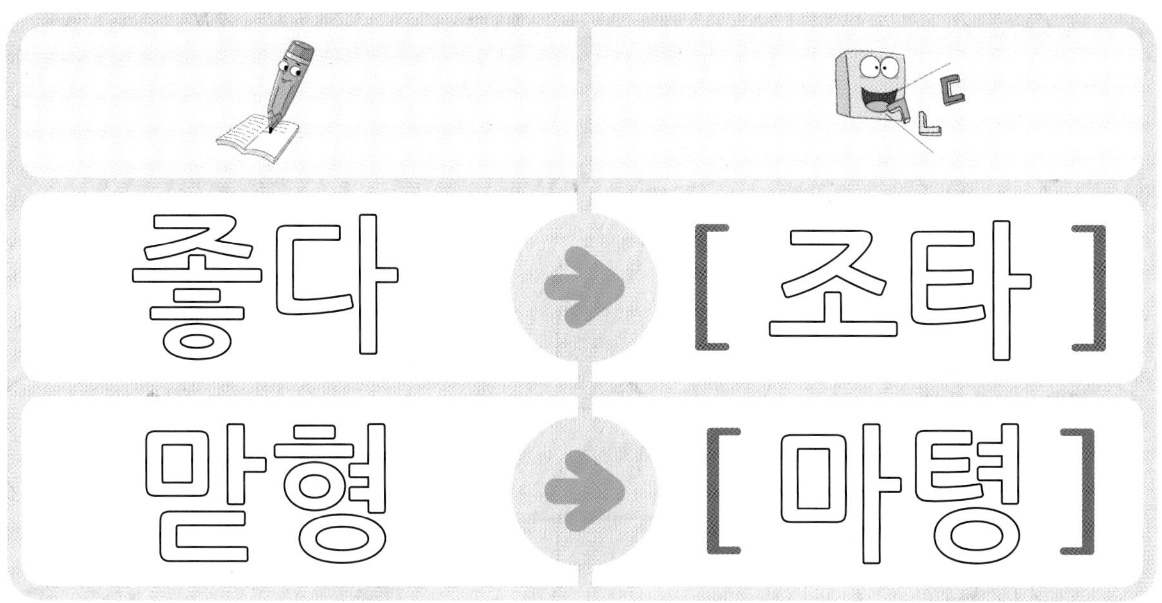

생각하기 1 와 를 비교하여 양쪽에 똑같이 있는 자음자나 모음자를 색칠하여 봅시다.

생각하기 2 에서 색칠 안 한 자음자는 무엇인가요?

생각하기 3 색칠 안 한 자음자는 어디로 갔을까요?

에서 색칠 안 한 자음자가 두 개이고, 에서 색칠 안 한 자음자가 한 개인 이유는, 의 두 개의 자음자가 하나로 합쳐져 소리 나기 때문이에요.
자음자 □과 □의 소리가 합쳐지면 [ㅌ]로 소리 나요.
하지만 쓸 때에는 각각의 자음자를 원래대로 살려 ㅎ과 ㄷ으로 나누어 써요.

거친 소리가 나요(좋다/조타)

1 자음자 ㅎ과 ㄷ의 소리가 합쳐져 나는 낱말입니다. 따라 써 봅시다.

낱말	소리	쓰기
좋다	[조타]	좋다
놓다	[ ]	놓다
쌓다	[ ]	쌓다
파랗다	[ ]	파랗다

2 자음자 ㅎ과 ㄷ의 소리가 합쳐져 나는 낱말입니다. 따라 써 봅시다.

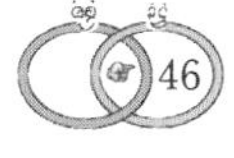

ㅅ은 받침의 위치에 오면 [ ]로 소리가 나요.

깨끗하다

[깨끄타다]

삐끗하다

[ ]

희끗하다

[ ]

희끗하다

실력이 쑥쑥 거친 소리가 나요(좋다/조타)

1 바르게 쓴 것에 ○표 해 봅시다.

이름을 써(너타 / 넣다).

(이러타 / 이렇다) 할 방법이 없네 !

2 소리 나는 대로 써서 틀린 낱말입니다. 바르게 쓴 낱말을 보기 에서 찾아 써 봅시다.

까마타 →

히끄타다 →

사이조타 →

커다라타 →

보기

커다랗다　　희끗하다　　까맣다　　사이좋다

3 배운 내용을 생각하며, 틀린 글자를 고쳐 써 봅시다.

기분이 조타.

기분이 ☐☐.

탑을 싸타가 무너뜨렸어요.

탑을 ☐☐☐ 무너뜨렸어요.

식탁 위에 컵을 노타.

식탁 위에 컵을 ☐☐.

눈 내린 운동장이 하야타.

눈 내린 운동장이 ☐☐☐.

더 나아가기 거친 소리가 나요(좋다/조타)

1 를 보고 어떤 의 소리일지, 빈칸에 알맞은 자음자를 써 봅시다.

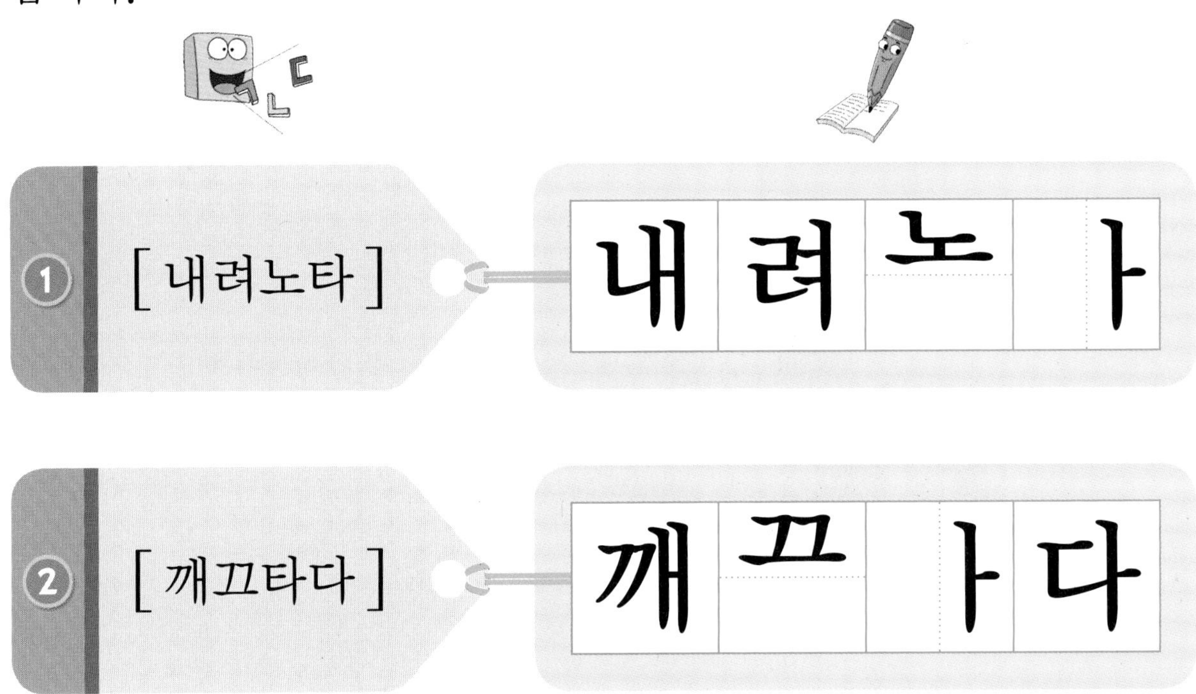

2 1에서 찾아낸 낱말을 빈칸에 써 봅시다.

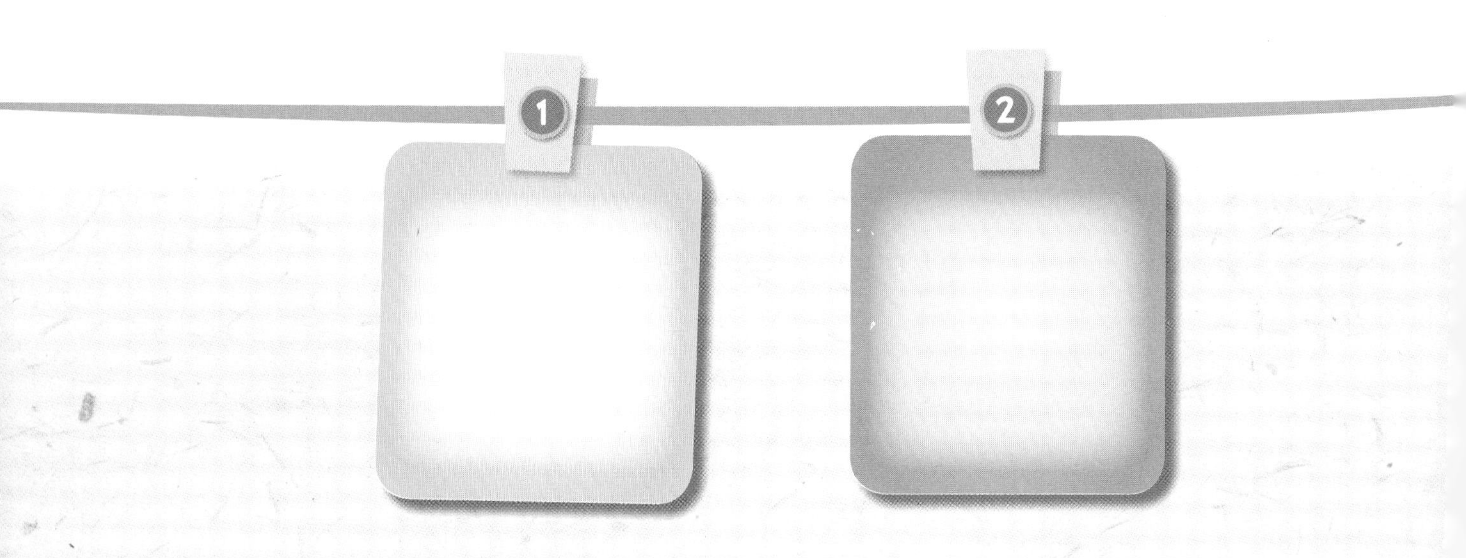

3 정말 열심히 공부했어요. 지금까지 배운 내용을 생각하며, **2**에서 찾은 낱말들의 규칙을 스스로 정리해 봅시다.

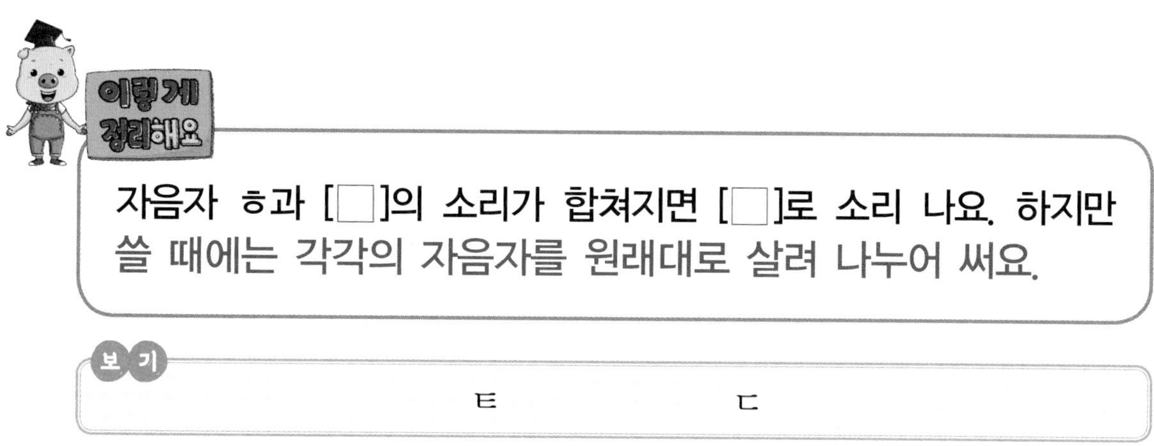
이렇게 정리해요
자음자 ㅎ과 [ ]의 소리가 합쳐지면 [ ]로 소리 나요. 하지만 쓸 때에는 각각의 자음자를 원래대로 살려 나누어 써요.
보기
ㅌ ㄷ

4 부모님이나 선생님이 불러 주시는 말을 바르게 써 봅시다.

1 ______________________ .

2 ______________________ .

3 ______________________ .

4 ______________________ .

5 ______________________

왜 그럴까요? 거친 소리가 나요(좋고/조코)

1 모도리가 마지막에 한 말의 뜻을 생각하며, 만화를 읽어 봅시다.

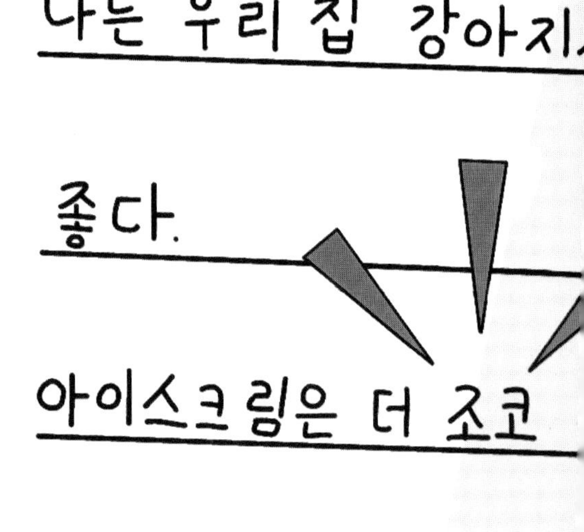

나는 우리 집 강아지.
좋다.
아이스크림은 더 조코

또바기 일기 쓰는구나? 내가 도와줄까?

'좋고'는 '좋다'에서 나온 말이니까 ㅎ을 살려서 써야 해.

2 자음자 ㅎ과 ㄱ의 소리가 합쳐져 나는 낱말입니다. 와 를 비교해 봅시다.

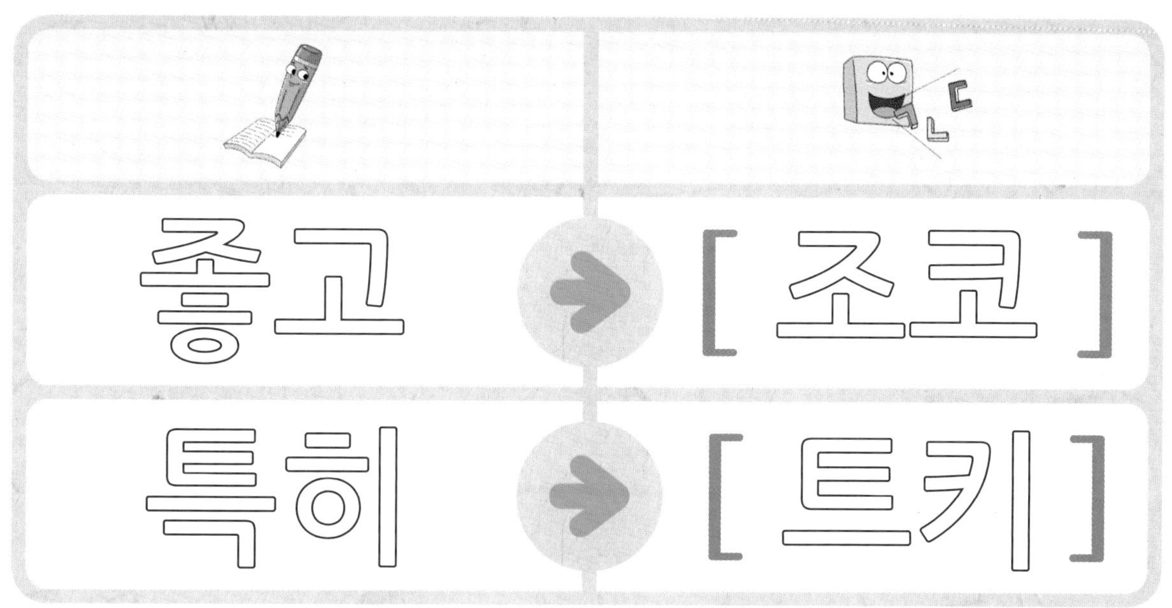

생각1 하기 와 를 비교하여 양쪽에 똑같이 있는 자음자나 모음자를 색칠하여 봅시다.

생각2 하기 에서 색칠 안 한 자음자는 무엇인가요?

생각3 하기 색칠 안 한 자음자는 어디로 갔을까요?

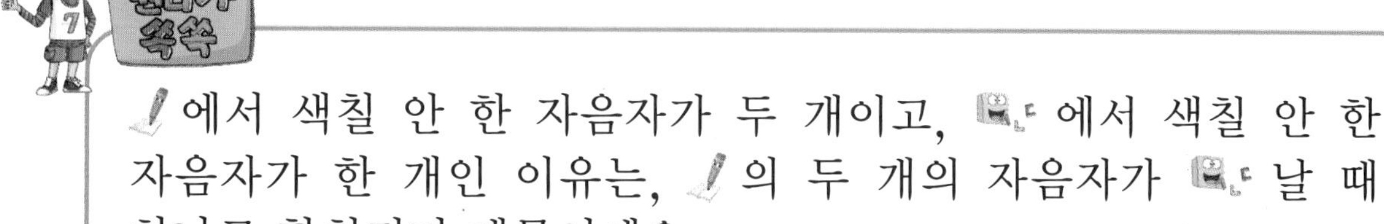

에서 색칠 안 한 자음자가 두 개이고, 에서 색칠 안 한 자음자가 한 개인 이유는, 의 두 개의 자음자가 날 때 하나로 합쳐지기 때문이에요.

자음자 □과 □의 소리가 합쳐지면 [ㅋ]로 소리 나요. 하지만 쓸 때에는 각각의 자음자를 원래대로 살려 ㅎ과 ㄱ으로 나누어 써요.

1 자음자 ㅎ과 ㄱ의 소리가 합쳐져 나는 낱말입니다. 따라 써 봅시다.

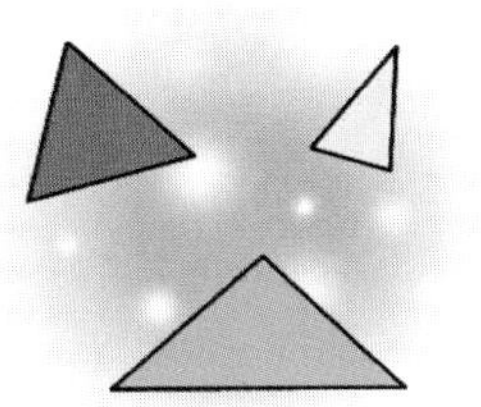

낱말	발음	따라 쓰기
삼각형	[삼가켱]	삼각형
국화	[ ]	국화
익히다	[ ]	익히다
착하다	[ ]	착하다

2 소리 내어 읽고, 바르게 쓴 것을 선으로 이어 봅시다.

- 생일을 추카하다.
- 생일을 축하하다.
- 식탁 위에 놓고
- 식탁 위에 노코

3 동요 「가을 길」 악보입니다. 보기 에서 알맞은 글자를 찾아 (   ) 안에 넣어 가사를 완성해 봅시다. 그리고 노래를 불러 봅시다.

가을 길
김규환 작사 · 작곡
(8)
노( )게 노( )게 물 들었네 빨( )게 빨( )게 물 들었네
(8)
파( )게 파( )게 높 은 하 늘 가 을 길 은 고 운 길
보기
랑 란 랃 랗 강 간 갛

실력이 쑥쑥 거친 소리가 나요(좋고/조코)

1 배운 내용을 생각하며, 틀린 글자를 고쳐 써 봅시다.

구콰 향기

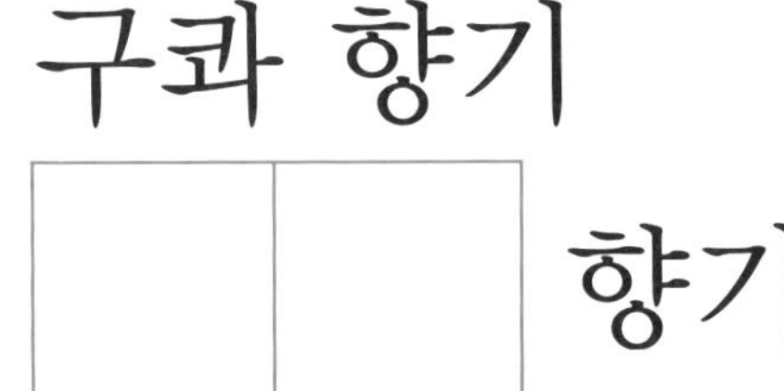

향기

넉너칸 한가위

한가위

오리가 알을 나코

오리가 알을

곰곰이 생가카다.

곰곰이

.

2 글을 읽고, 틀린 부분에 ◯표 해 봅시다.

배고픈 또바기가 감자를 먹고 싶어해요. 엄마가 냄비 안을 보며 말씀하셨어요.

"아직 더 이켜야 돼."

그러자 또바기는 냉장고를 열어 봤어요.

빨간 사과가 있네요. 사과를 꺼내 쟁반에 노코 말했어요.

"엄마, 그럼 사과 깎아 주세요."

3 2에서 ◯표 한 낱말이 들어 있는 문장을 바르게 고쳐 써 봅시다.

① ______________________________ .

② ______________________________ .

더 나아가기 거친 소리가 나요(좋고/조코)

1 를 보고 어떤 의 소리일지, 빈칸에 알맞은 자음자를 써 봅시다.

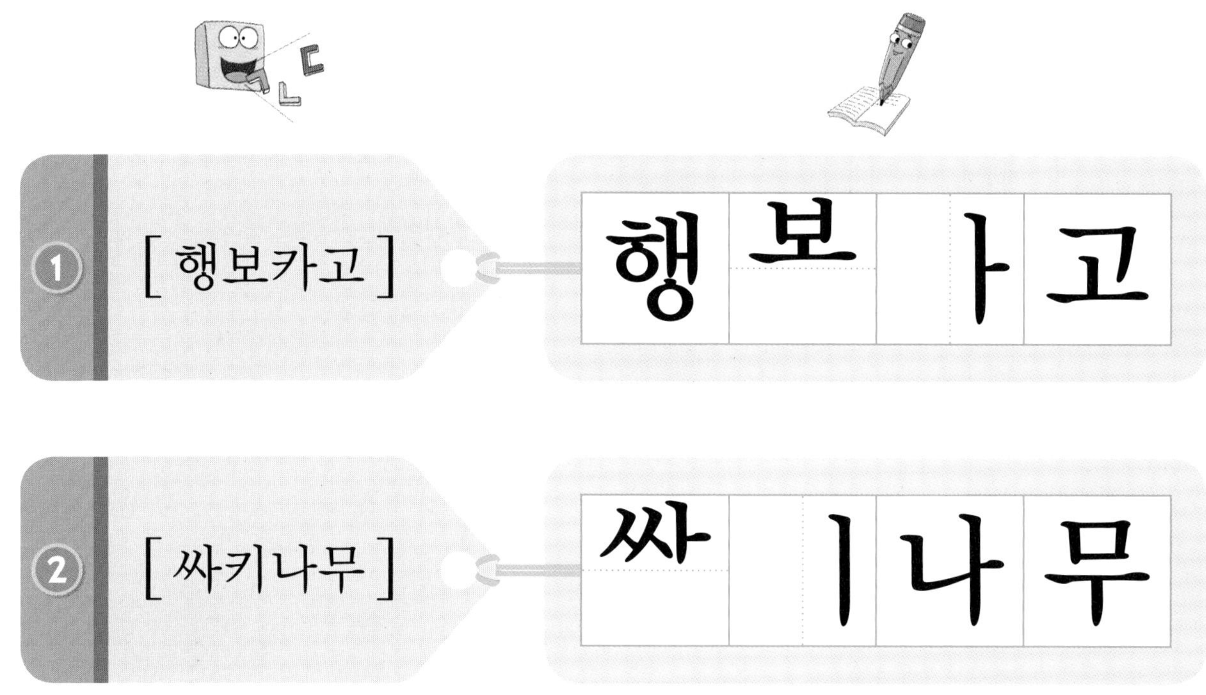

2 **1**에서 찾아낸 낱말을 빈칸에 써 봅시다.

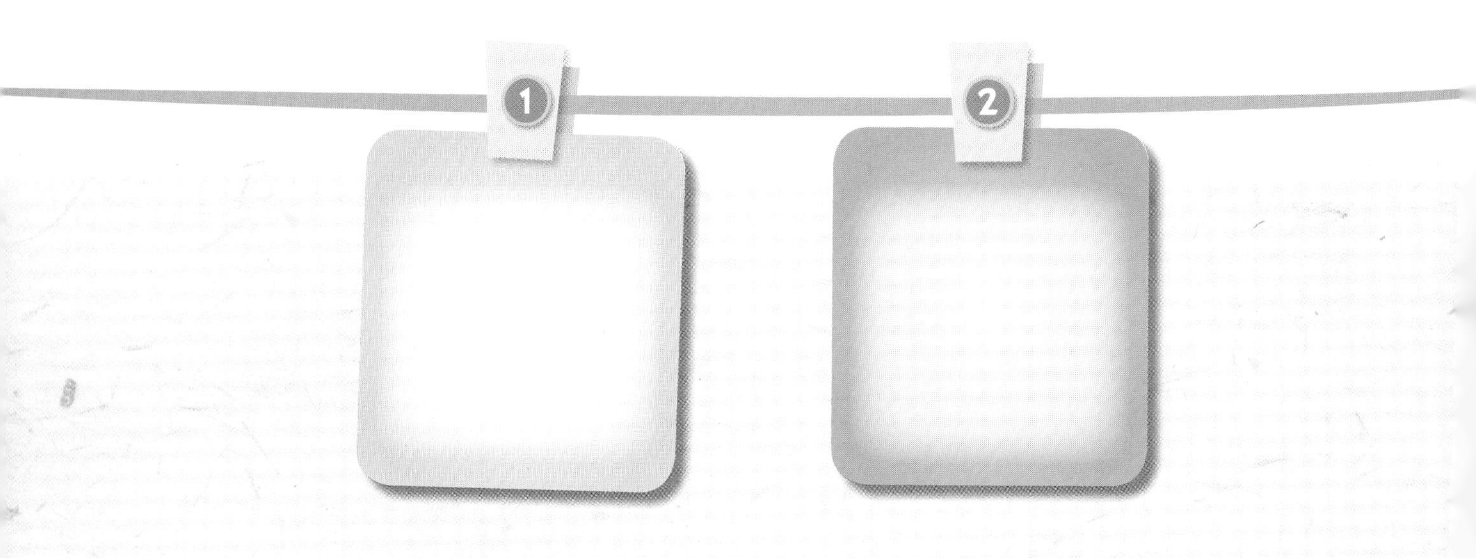

3 정말 열심히 공부했어요. 지금까지 배운 내용을 생각하며, **2**에서 찾은 낱말들의 규칙을 스스로 정리해 봅시다.

이렇게 정리해요

자음자 ㅎ과 ☐의 소리가 합쳐지면 [☐]로 소리 나요. 하지만 쓸 때에는 각각의 자음자를 원래대로 살려 ㅎ과 ㄱ으로 나누어 써요.

보기

ㅋ ㄱ

4 부모님이나 선생님이 불러 주시는 말을 바르게 써 봅시다.

① ☐.

② ☐.

③ ☐.

④ ☐.

⑤ ☐.

42

거친 소리가 나요(급히/그피)

1 만화를 읽고, 모도리가 깜짝 놀란 이유를 생각해 봅시다.

또바기야, 심심하지? 나 조금 있으면 집에 도착해.

얼른 와, 나 아파.

괜찮아? 어디가 아파?

모도리야, 그피 먹다가 체했어.

피를 먹었다고?

2 자음자 ㅎ과 ㅂ의 소리가 합쳐져 나는 낱말입니다. 와 를 비교해 봅시다.

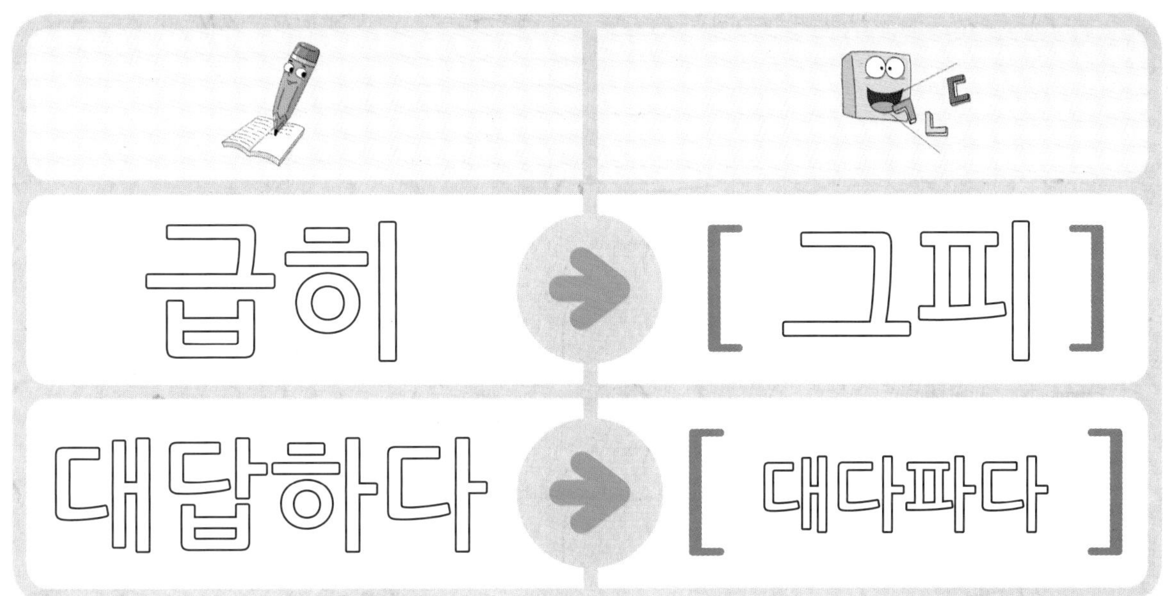

생각하기 1 와 를 비교하여 양쪽에 똑같이 있는 자음자나 모음자를 색칠하여 봅시다.

생각하기 2 에서 색칠 안 한 자음자는 무엇입니까?

생각하기 3 색칠 안 한 자음자는 어디로 갔을까요?

원리가 쏙쏙

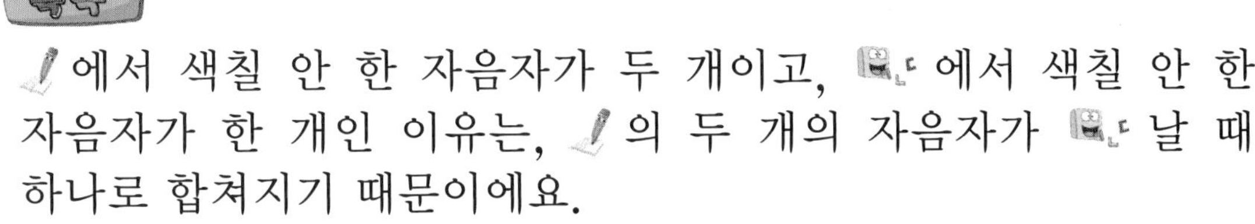

에서 색칠 안 한 자음자가 두 개이고, 에서 색칠 안 한 자음자가 한 개인 이유는, 의 두 개의 자음자가 날 때 하나로 합쳐지기 때문이에요.
자음자 □과 □의 소리가 합쳐지면 [ㅍ]로 소리 나요.
하지만 쓸 때에는 각각의 자음자를 원래대로 살려 ㅎ과 ㅂ으로 나누어 써요.

한 걸음, 두 걸음 거친 소리가 나요(급히/그피)

1 자음자 ㅎ과 ㅂ의 소리가 합쳐져 나는 낱말입니다. 따라 써 봅시다.

네.

대답하다 [대다파다] 대답하다

잡히다 [ ] 잡히다

굽히다  [ ] 굽히다

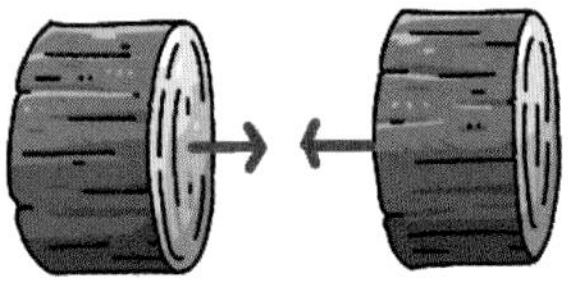

좁히다 [ ] 좁히다

2 그림에 알맞은 문장이 되도록 보기 에서 찾아 빈칸을 채워 봅시다.

또바기가 인형 옷을 [ ][ ] 고 있어요.

↓

옷이 작아 [ ][ ][ ][ ].

보기

가까파다　　갑가파다　　갑갑하다　　입히　　이피

실력이 쑥쑥 거친 소리가 나요(급히/그피)

1 배운 내용을 생각하며, 틀린 글자를 빈칸에 바르게 고쳐 써 봅시다.

허리를 구펴 인사한다.

허리를 ☐☐ 인사한다.

그파게 먹다가

☐☐☐ 먹다가

체해서 가슴이 답따패.

체해서 가슴이 ☐☐☐.

도둑이 자피다.

도둑이 ☐☐☐.

2 틀린 문장을 보기 처럼 바르게 고쳐 써 봅시다. 그리고 완성된 문장을 소리 내어 읽어 봅시다.

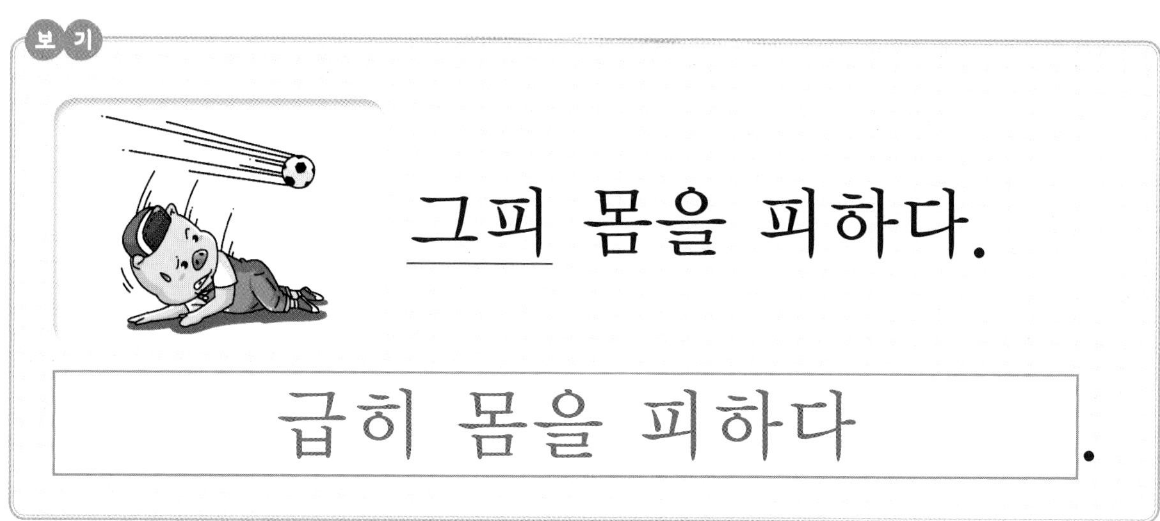

보기

그피 몸을 피하다.

급히 몸을 피하다 .

큰 소리로 대다파다.

[   ] .

팔 구펴 펴기를 한다.

[   ] .

엄마가 아기를 침대에 누피다.

[   ] .

더 나아가기 거친 소리가 나요(급히/그피)

1 (입 그림)를 보고 어떤 (연필 그림)의 소리일지, 빈칸에 알맞은 자음자를 써 봅시다.

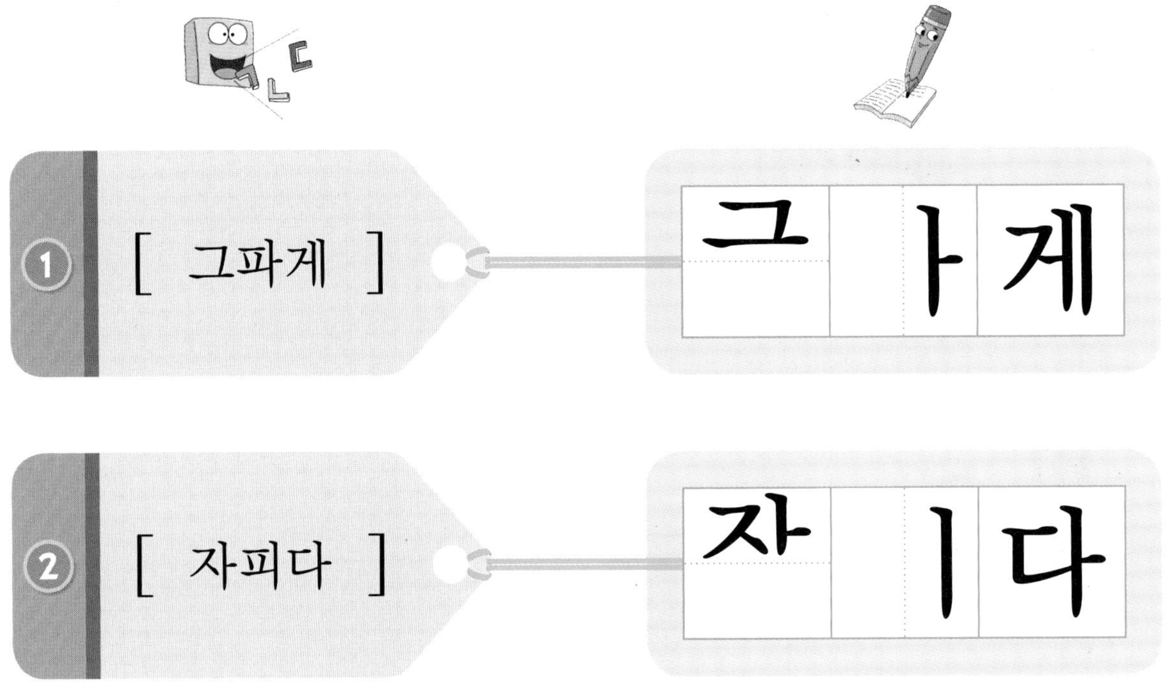

2 1에서 찾아낸 낱말을 바르게 써 봅시다.

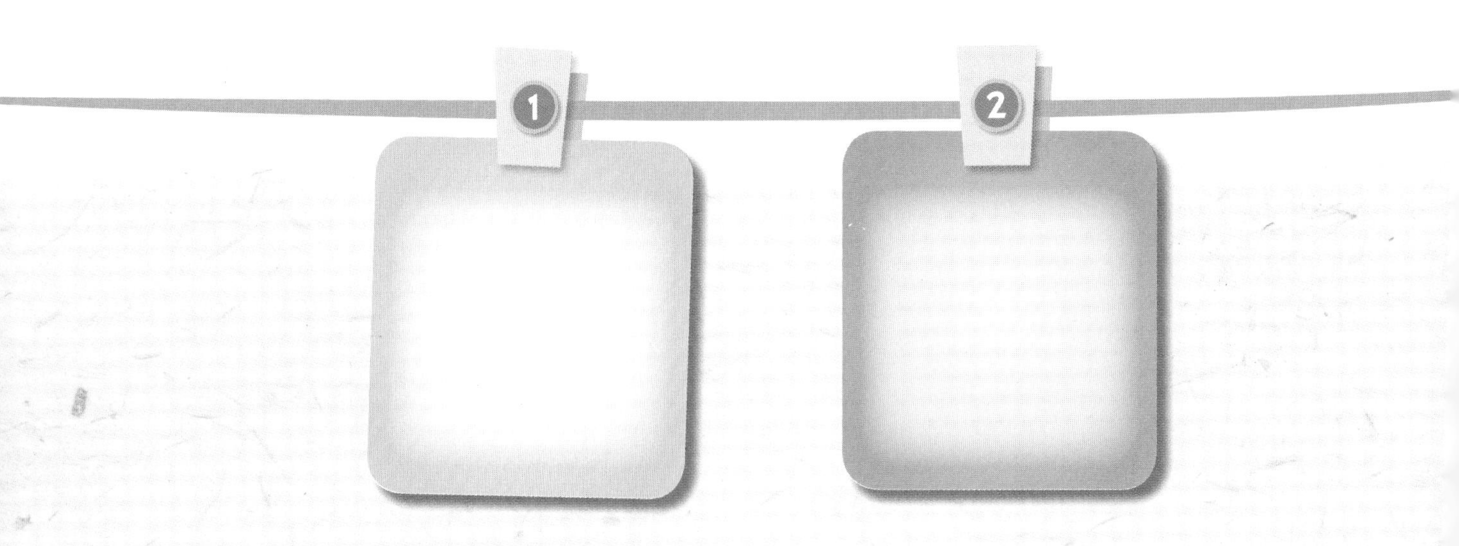

3 정말 열심히 공부했어요. 지금까지 배운 내용을 생각하며, **2**에서 찾은 낱말들의 규칙을 스스로 정리해 봅시다.

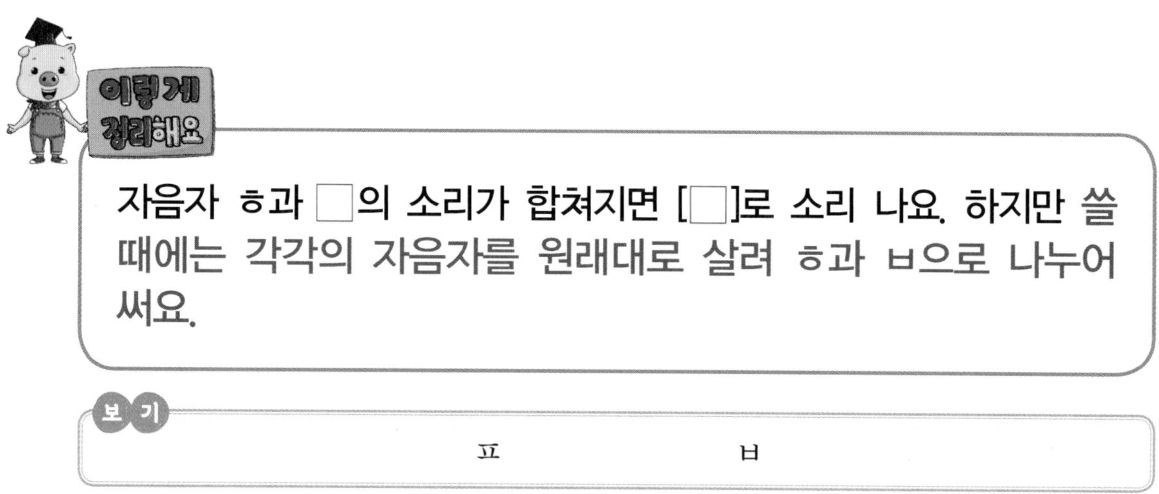
이렇게 정리해요
자음자 ㅎ과 □의 소리가 합쳐지면 [□]로 소리 나요. 하지만 쓸 때에는 각각의 자음자를 원래대로 살려 ㅎ과 ㅂ으로 나누어 써요.
보기
ㅍ ㅂ

4 부모님이나 선생님이 불러 주시는 말을 바르게 써 봅시다.

① ______.

② ______.

③ ______.

④ ______.

⑤ ______.

43 왜 그럴까요? 거친 소리가 나요(좋지/조치)

1 모도리가 마지막에 한 말의 뜻을 생각하며, 만화를 읽어 봅시다.

내가 좋아하는 것을 오늘은 꼭 제대로 써야지!

나는 우리 집 강아지가

좋다.

아이스크림도 좋고

모도리가 가장 조치!

하하. 나도 네가 좋아. 그런데…….

'좋지'도 '좋다'에서 나온 말이니까 ㅎ을 살려서 써야 해.

2 자음자 ㅎ과 ㅈ의 소리가 합쳐져 나는 낱말입니다. 와 를 비교해 봅시다.

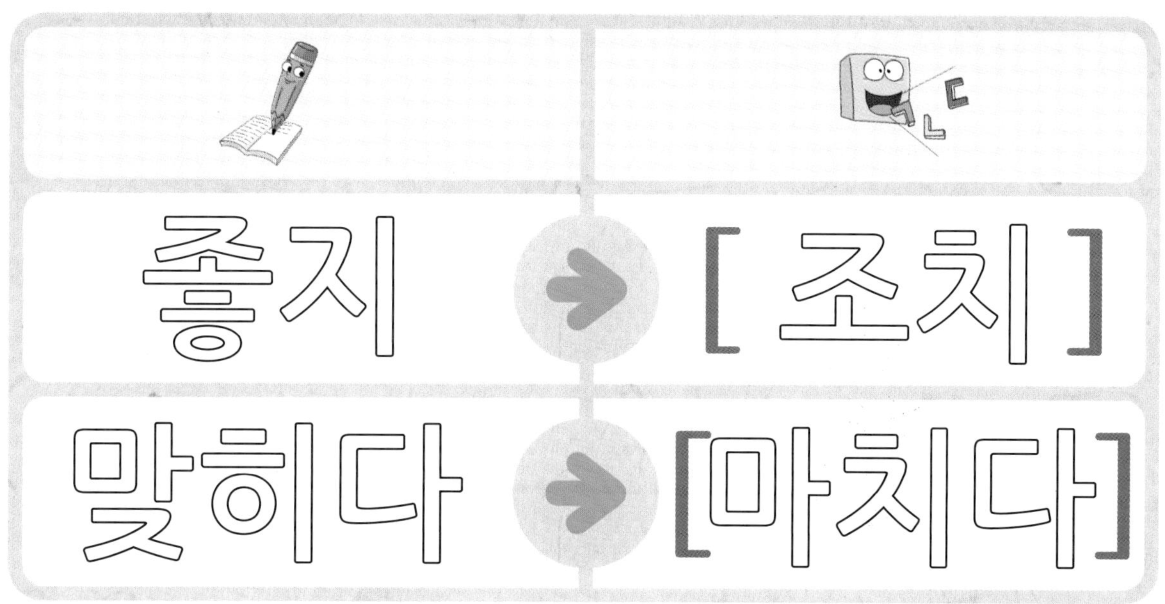

생각1 하기 와 를 비교하여 양쪽에 똑같이 있는 자음자나 모음자를 색칠하여 봅시다.

생각2 하기 에서 색칠 안 한 자음자는 무엇입니까?

생각3 하기 색칠 안 한 자음자는 어디로 갔을까요?

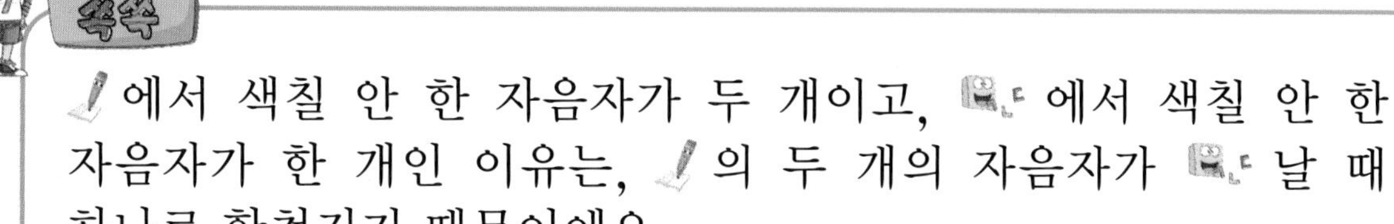

에서 색칠 안 한 자음자가 두 개이고, 에서 색칠 안 한 자음자가 한 개인 이유는, 의 두 개의 자음자가 날 때 하나로 합쳐지기 때문이에요.
자음자 □과 □의 소리가 합쳐지면 [ㅊ]로 소리 나요.
하지만 쓸 때에는 각각의 자음자를 원래대로 살려 ㅎ과 ㅈ으로 나누어 써요.

한 걸음, 두 걸음 거친 소리가 나요(좋지/조치)

1 자음자 ㅎ과 ㅈ의 소리가 합쳐져 나는 낱말입니다. 따라 써 봅시다.

맞히다 [마치다]

젖히다 [ ]

꽂히다 [ ]

노랗지 [ ]

2 바르게 쓴 것에 선으로 이어 봅시다.

- 허리를 뒤로 저치다.
- 허리를 뒤로 젖히다.

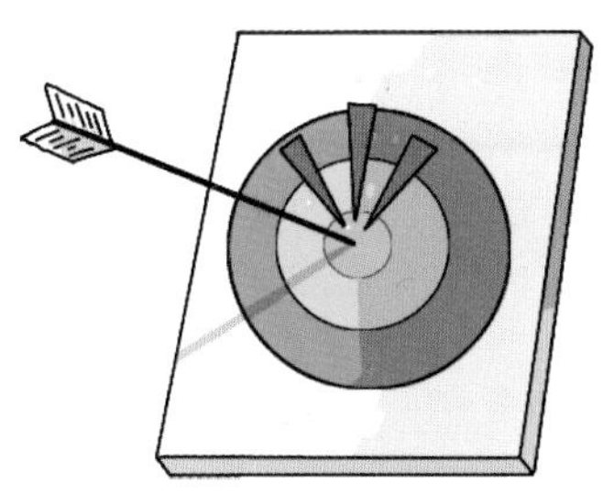

- 화살이 꽂히다.
- 화살이 꼬치다.

- 손을 노치 마.
- 손을 놓지 마.

- 내 말이 맞지, 그렇지?
- 내 말이 맞지, 그러치?

거친 소리가 나요(좋지/조치)

1 배운 내용을 생각하며, 틀린 글자를 바르게 고쳐 써 봅시다.

공을 던져 마치다.

공을 던져 [ ][ ][ ].

신나고 조치 !

신나고 [ ][ ] !

손에 다치 않게 올려두다.

손에 [ ][ ] 않게 올려두다.

장난감을 늘어노치 마라.

장난감을 늘어 [ ][ ] 마라

2 또바기의 일기를 읽고, 틀린 부분을 찾아 ◯표 해 봅시다.

20xx년 x월 x일 x요일 날씨:

오늘은 엄마가 화가 나셨어요. 내가 장난감을 안 치웠기 때문이에요.

"여기저기 늘어노치 않을게요."

또 내가 받아쓰기에서 빵점을 맞았기 때문이에요.

"한 문제라도 마치고 싶었는데……."

"이젠 장난감도 잘 치우고 받아쓰기도 열심히 할게요."

나의 말에 엄마의 얼굴이 다시 웃는 얼굴로 돌아왔어요.

3 2에서 ◯표 한 낱말이 들어 있는 문장을 바르게 고쳐 써 봅시다.

1. ____________________.

2. ____________________.

더 나아가기 거친 소리가 나요(좋지/조치)

1 를 보고 어떤 의 소리일지, 빈칸에 알맞은 자음자를 써 봅시다.

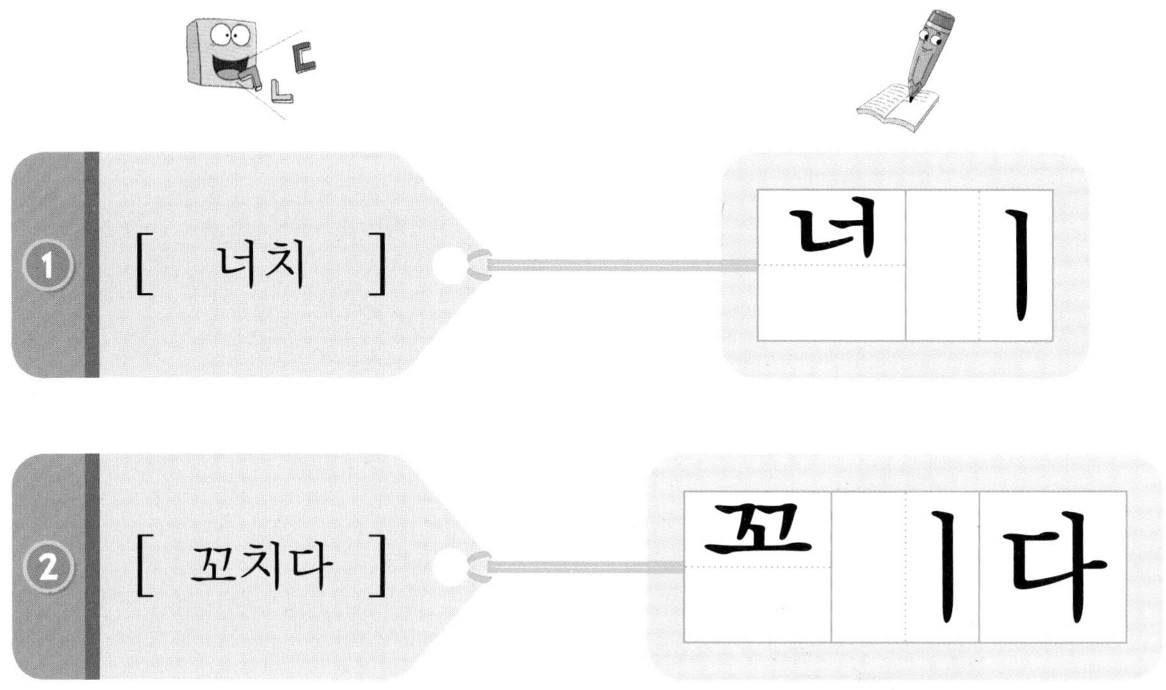

2 1에서 찾아낸 낱말을 바르게 써 봅시다.

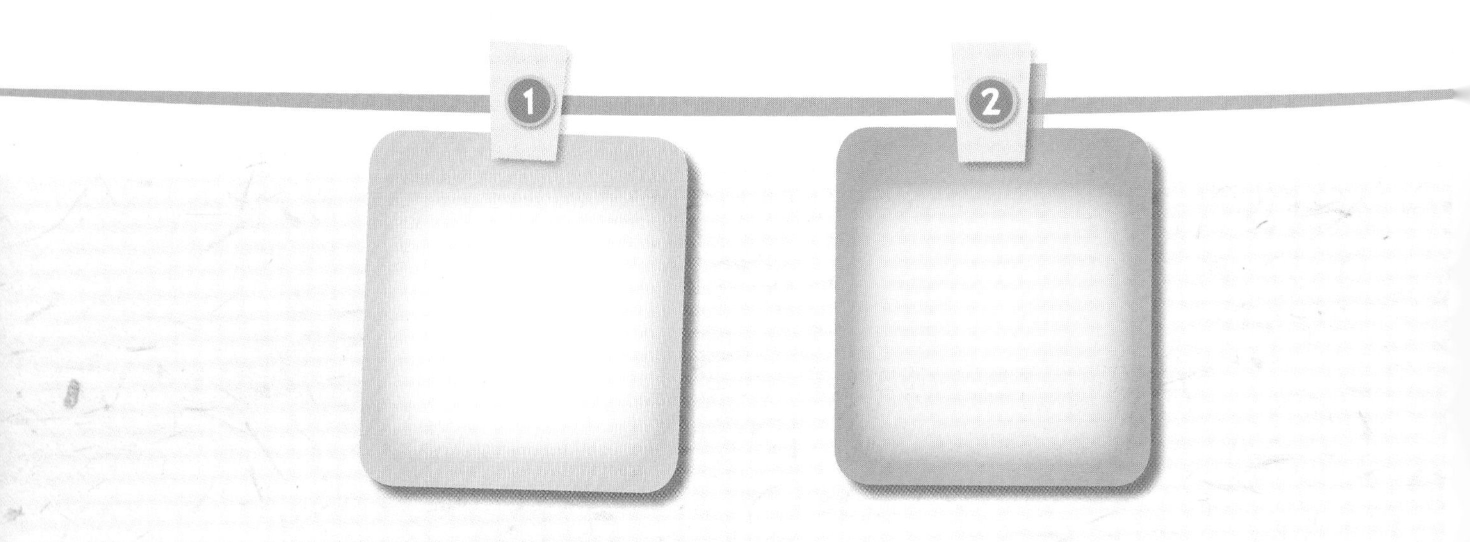

3 정말 열심히 공부했어요. 지금까지 배운 내용을 생각하며, **2**에서 찾은 낱말들의 규칙을 스스로 정리해 봅시다.

이렇게 정리해요

자음자 ㅎ과 □의 소리가 합쳐지면 □로 소리 나요. 하지만 쓸 때에는 각각의 자음자를 원래대로 살려 ㅎ과 ㅈ으로 나누어 써요.

보기

ㅊ　　ㅈ

4 부모님이나 선생님이 불러 주시는 말을 바르게 써 봅시다.

① □.

② □.

③ □.

④ □.

⑤ □.

ㅎ 소리가 사라져요(낳아/나아

1 만화를 읽고, 또바기와 모도리의 생각이 다른 이유를 말해 봅시다.

얼른 나았으면 좋겠어 힘내!

멍멍이가 아파?

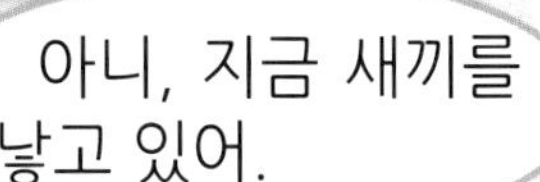

2 받침 ㅎ의 뒤에 ㅇ이 오는 낱말입니다. 와 를 비교해 봅시다.

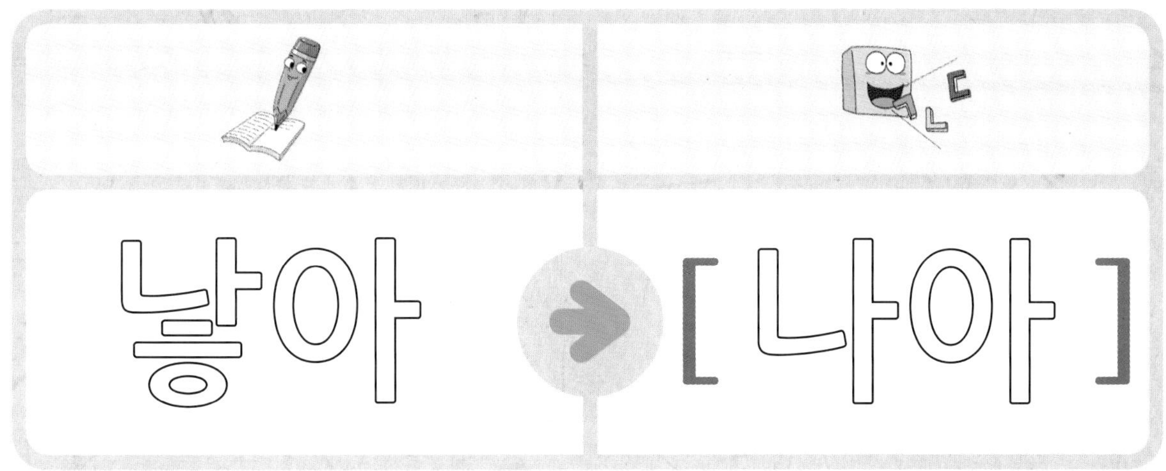

생각하기 1 와 를 비교하여 양쪽에 똑같이 있는 자음자나 모음자를 색칠하여 봅시다.

생각하기 2 에서 색칠 안 한 자음자는 무엇입니까?

생각하기 3 색칠 안 한 자음자는 어디로 갔을까요?

에서 색칠 안 한 자음자가 에 없는 이유는 받침 □은 뒤에 ㅇ이 오면 소리가 사라지기 때문이에요.
하지만 소리가 나지 않는다고 해서 ㅎ을 쓰지 않으면 전혀 다른 뜻이 되기도 하니 쓸 때에는 받침 □을 살려 써야 해요.

한 걸음, 두 걸음 ㅎ 소리가 사라져요(낳아/나아)

1 받침 ㅎ의 뒤에 ㅇ이 오는 낱말입니다. 에서 사라진 받침 ㅎ을 살려 써야 함을 생각하면서 따라 써 봅시다.

낱말	소리	따라 쓰기
좋은	[조은]	좋은
넣어	[ ]	넣어
쌓아	[ ]	쌓아
낳은	[ ]	낳은

2 바르게 쓴 것을 선으로 이어 봅시다.

- 선반에 올려노은 그릇
- 선반에 올려놓은 그릇

- 발에 흙이 닿아
- 발에 흙이 다아

- 콩을 빠아 콩가루로
- 콩을 빻아 콩가루로

- 엉덩방아를 찧어
- 엉덩방아를 찌어

실력이 쑥쑥 ㅎ 소리가 사라져요(낳아/나아)

1 배운 내용을 생각하며, 틀린 글자를 빈칸에 바르게 고쳐 써 봅시다.

조은 냄새가 솔솔

☐☐ 냄새가 솔솔

하얗게 싸인 눈

하얗게 ☐☐ 눈

가방에 책을 너어

가방에 책을 ☐☐

돌부리에 발을 찌어

돌부리에 발을 ☐☐

2 또바기의 일기를 읽고, 틀린 부분을 찾아 ○표 해 봅시다.

20xx년 x월 x일 x요일 날씨:

엄마랑 버스를 탔어요.

버스를 탈 때부터, 오늘은 성공할 수 있을지 가슴이 두근거렸어요.

드디어 버스 손잡이에 손이 다아요! 조아서 소리쳤어요.

"엄마! 키가 컸어요!"

3 2에서 ○표 한 낱말이 들어 있는 문장을 바르게 고쳐 써 봅시다.

① ____________________ .

② ____________________ .

더 나아가기 ㅎ 소리가 사라져요(낳아/나아)

1 그림에 알맞은 문장이 되도록 보기 에서 찾아 빈칸을 채워 봅시다.

닭이 알을 [ ][ ] 기뻐요.

엄마가 절구에 마늘을 [ ][ ] 요.

보기

찌어 찧어 낳아 나아 너어 넣어

2 정말 열심히 공부했어요. 지금까지 배운 내용을 생각하며, **1**에서 찾은 낱말들의 규칙을 스스로 정리해 봅시다.

이렇게 정리해요

받침 □은 뒤에 □이 오면 소리가 사라져요. 하지만 소리가 나지 않는다고 해서 ㅎ을 쓰지 않으면 전혀 다른 뜻이 되기도 하니 쓸 때에는 받침 ㅎ을 (   ) 써야 해요.

보기

살려　　ㅇ　　ㅎ

3 부모님이나 선생님이 불러 주시는 말을 바르게 써 봅시다.

①

② .

③

④ .

⑤ .

10장

'받침소리'의 변신과 쓰기 마법 1

• 받침이 ㄱ, ㄷ, ㅂ 소리로 바뀌는 말의 쓰는 방법을 알아봅시다.

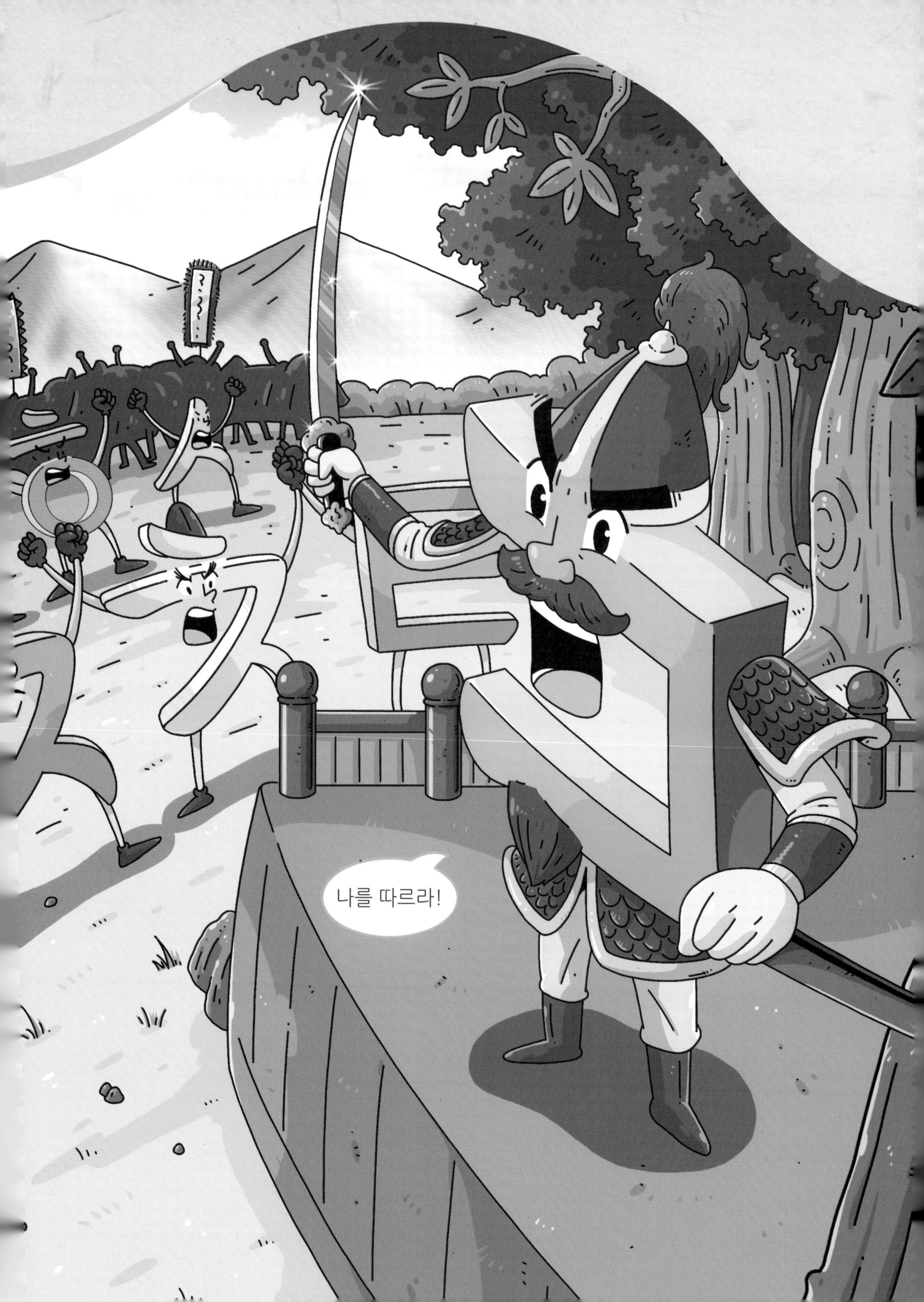
나를 따르라!

45

왜 그럴까요?

ㄲ, ㅋ받침이 ㄱ로 소리 나요 (부엌/부억)

1 또바기가 궁금해하는 받침 글자가 무엇인지 생각해 봅시다.

푸하하! 저기 글자가 틀렸네?

어떤 글자?

장난감 대여!
이제 빌려서 가지고 노세요.
낚시 장난감
자동차
인형

'낙시'인데 '낚시'라고 쓰여 있잖아. 받침에 ㄱ을 두 개나 썼어.
맞게 쓴거야. 받침 글자들 중에는 [ㄱ]로 소리 나지만 ㄱ이 아닌 것들이 있어.

어떤 글자들인데?

2 소리 내어 읽고, 빨간색 받침이 어떤 소리가 나는지 보기 에서 골라 [　　　] 안에 써 봅시다.

보기
ㄱ　ㄴ　ㄷ　ㄹ　ㅁ　ㅂ　ㅇ

생각하기 1 빨간색 받침은 모두 어떤 자음으로 소리 납니까?

생각하기 2 빨간색 받침과 ㄱㄴㄷ를 비교해 봅시다, 원래 자음자와 다르게 소리 나는 것은 어떤 것입니까?

원리가 쏙쏙

□과 □은 받침의 위치에 오면 원래 자음자의 소리가 아닌 [ㄱ]로 소리 나요. 하지만 쓸 때에는 받침을 원래 자음자로 써요.

[ㄱ]로 소리 나는 받침은 ㄱ과 모양도 비슷하구나.

ㄲ, ㅋ받침이 ㄱ로 소리 나요 (부엌/부억)

1 받침 ㄲ이 [ㄱ]로 소리 나는 낱말입니다. 받침을 주의 깊게 살펴보며 따라 쓰고, 소리 내어 읽어 봅시다.

닦다 [닥따] 닦다

깎다 [ ] 깎다

묶다 [ ] 묶다

볶다 [ ] 볶다

2 받침 ㅋ이 [ㄱ]로 소리 나는 낱말입니다. 받침을 주의 깊게 살펴보며 따라 쓰고, 소리 내어 읽어 봅시다.

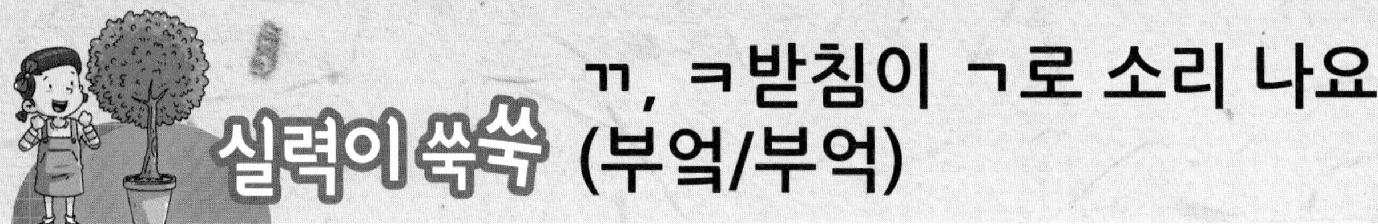

실력이 쑥쑥 ㄲ, ㅋ받침이 ㄱ로 소리 나요 (부엌/부억)

1 바르게 쓴 것에 ○표 해 봅시다.

우유에 초코 가루를 (석다 / 섞다).

(해질녁 / 해질녘)에 집으로 갔어요.

2 ①과 ②를 읽고 '나'는 무엇인지 보기에서 알맞은 낱말을 찾아 빈칸에 써 봅시다.

나는 무엇일까요?

① **나는 '새벽', '해 뜰', '해 질'과 같은 말들과 함께 쓰면 '새벽 무렵', '해 뜰 무렵', '해 질 무렵'이라는 뜻이 됩니다.**

② **나는 '동', '서', '남', '북'과 같이 방향을 나타내는 말들과 함께 쓰면 '동쪽', '서쪽', '남쪽', '북쪽' 이라는 뜻이 됩니다.**

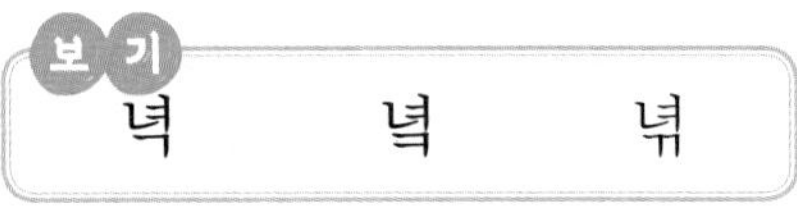

보기

녁　　녘　　녂

3 배운 내용을 생각하며, 틀린 글자를 바르게 고쳐 써 봅시다.

안과 박

안과 ☐

부억에서 냄새가 솔솔

☐☐ 에서 냄새가 솔솔

신발 끈을 세게 묵다.

신발 끈을 세게 ☐☐ .

교실 안팍

교실 ☐☐

더 나아가기 ㄲ, ㅋ받침이 ㄱ로 소리 나요 (부엌/부억)

1 빨간색 글자들은 받침이 필요합니다. 알맞은 받침을 골라 선으로 연결하여 낱말을 만들어 봅시다.

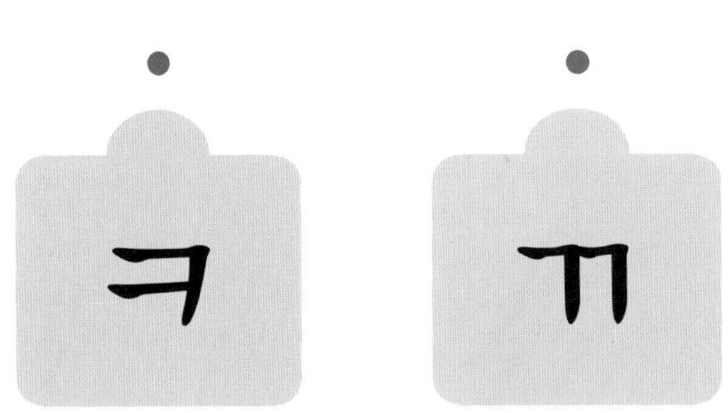

2 1에서 찾아낸 낱말을 빈칸에 써 봅시다.

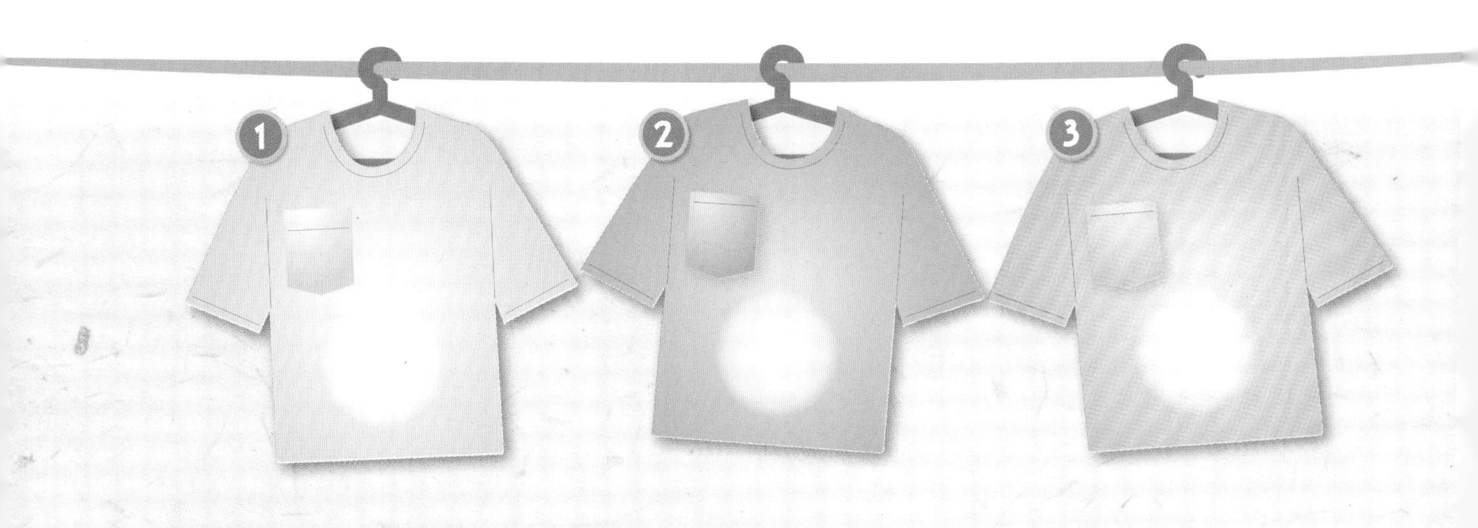

3 정말 열심히 공부했어요. 지금까지 배운 내용을 생각하며, 2에서 찾은 낱말들의 규칙을 스스로 정리해 봅시다.

이렇게 정리해요

자음자 □과 □은 (　　　)의 위치에 오면 원래 자음자의 소리가 아닌 [□]로 소리 나요. 하지만 받침을 쓸 때에는 원래 자음자로 써요.

보기

받침	ㄱ	ㅋ	ㄲ

4 부모님이나 선생님이 불러 주시는 말을 바르게 써 봅시다.

① ______________________.

② ______________________.

③ ______________________.

④ ______________________.

⑤ ______________________

왜 그럴까요? ㅌ, ㅅ, ㅆ받침이 ㄷ로 소리 나요 (옷/옫)

1 또바기가 틀리게 쓴 글자가 무엇인지 찾아봅시다.

2 소리 내어 읽고, 빨간색 받침이 어떤 소리가 나는지 보기에서 골라 [ ] 안에 써 봅시다.

보기: ㄱ ㄴ ㄷ ㄹ ㅁ ㅂ ㅇ

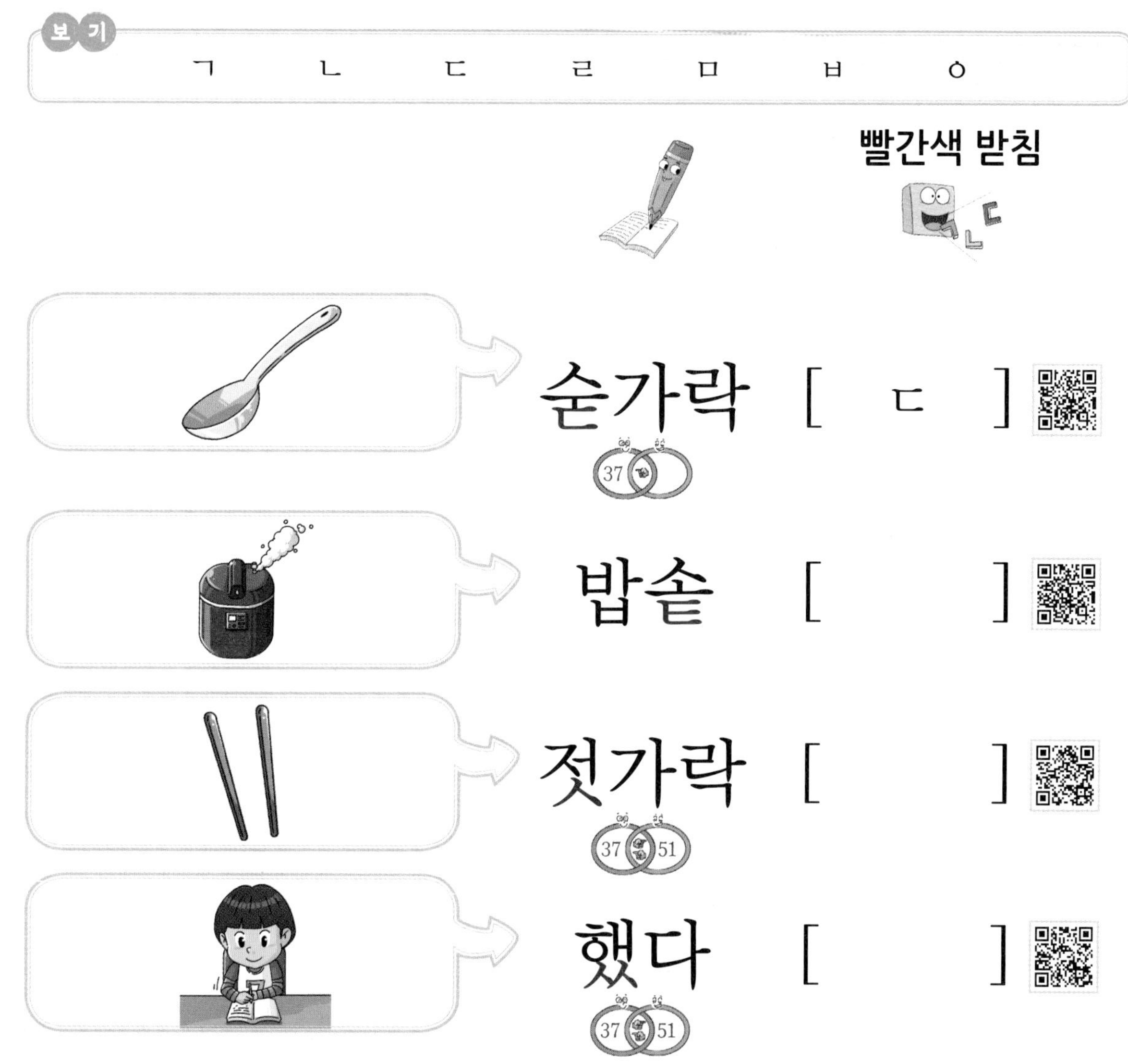

생각1 하기 빨간색 받침은 모두 어떤 자음으로 소리 납니까?

생각2 하기 빨간색 받침과 ㄷ를 비교해 봅시다. 원래 자음자와 다르게 소리 나는 것은 무엇입니까?

원리가 쏙쏙

□, □, □은 받침의 위치에 오면 원래 자음자의 소리가 아닌 [ㄷ]로 소리 나요. 하지만 받침을 쓸 때에는 원래 자음자로 써요.

한 걸음, 두 걸음 ㅌ, ㅅ, ㅆ받침이 ㄷ로 소리 나는 낱말 (옷/옫)

1 받침 ㅌ이 [ㄷ]로 소리 나는 낱말입니다. 받침을 주의 깊게 살펴보며 따라 쓰고, 소리 내어 읽어 봅시다.

2 받침 ㅅ이 [ㄷ]로 소리 나는 낱말입니다. 받침을 주의 깊게 살펴보며 따라 쓰고, 소리 내어 읽어 봅시다.

1 배운 내용을 생각하며, 틀린 글자를 빈칸에 바르게 고쳐 써 봅시다.

줄무늬가 그려진 옫

줄무늬가 그려진 [ ]

어두운 책상 믿

어두운 책상 [ ]

걸어서 학교에 갇다.

걸어서 학교에 [ ][ ].

킁킁 냄새를 맏다.

킁킁 냄새를 [ ][ ].

2 또바기의 일기를 읽고, 틀린 부분을 찾아 ○표 해 봅시다.

20xx년 x월 x일 x요일 날씨:

제목: 귀여운 다람쥐

창밖으로 바깓 구경을 하다가 풀받 위에서 놀고 있는 다람쥐를 보아따. 다람쥐는 도토리도 먹고 팓도 먹고 있었다. 다람쥐가 그것을 어디서 찾았을까 궁금하다.

3 2에서 ○표 한 낱말이 들어 있는 문장을 바르게 고쳐 써 봅시다.

①

②

③ .

④ .

더 나아가기 (옷/옫) ㅌ, ㅅ, ㅆ받침이 ㄷ로 소리 나요

1 낱말에 알맞은 그림을 선으로 이어 봅시다.

2 1에서 찾아낸 낱말을 빈칸에 써 봅시다. 1의 낱말을 같은 받침을 가진 것끼리 나누어 쓰고, 소리 내어 읽어 봅시다. 그리고 받침이 어떤 자음으로 소리 나는지 알맞은 것에 ◯표 해 봅시다.

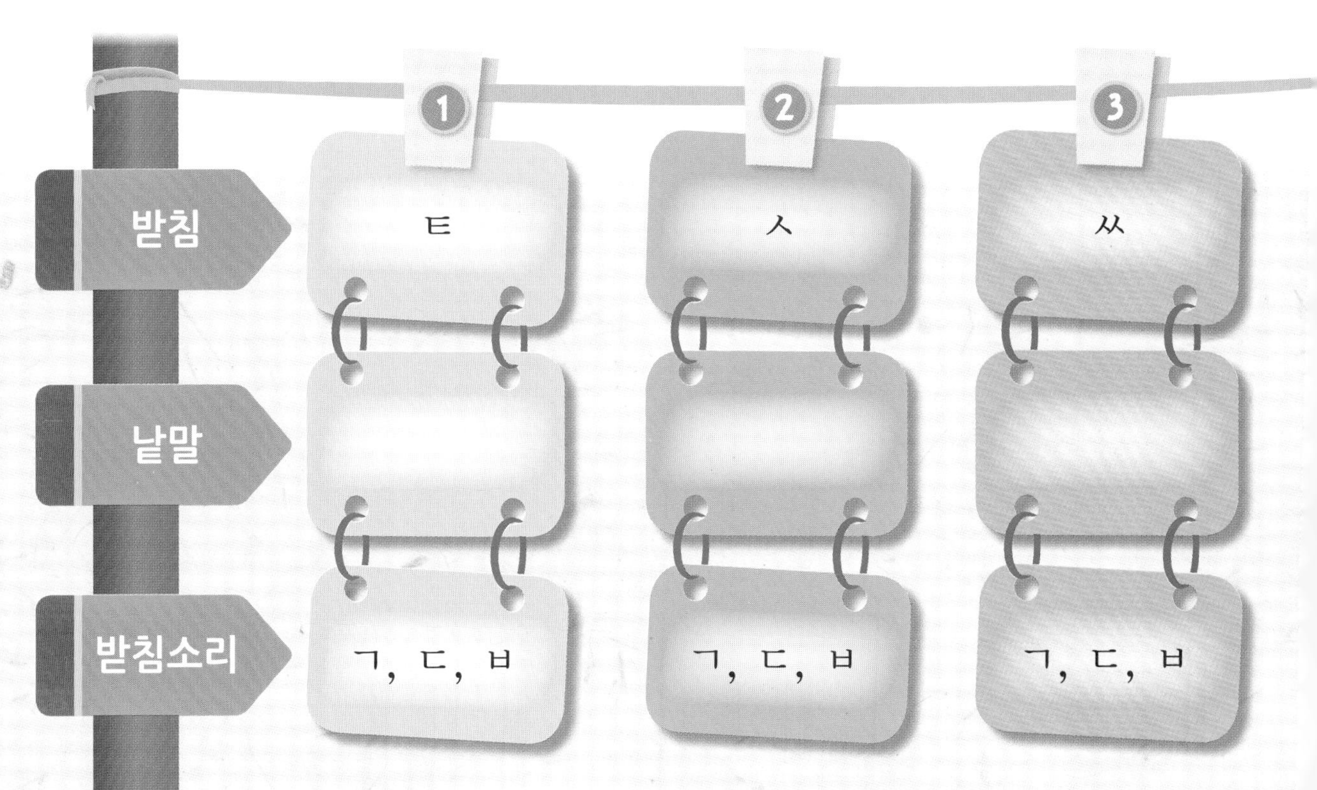

3 정말 열심히 공부했어요. 지금까지 배운 내용을 생각하며, **2**에서 찾은 낱말들의 규칙을 스스로 정리해 봅시다.

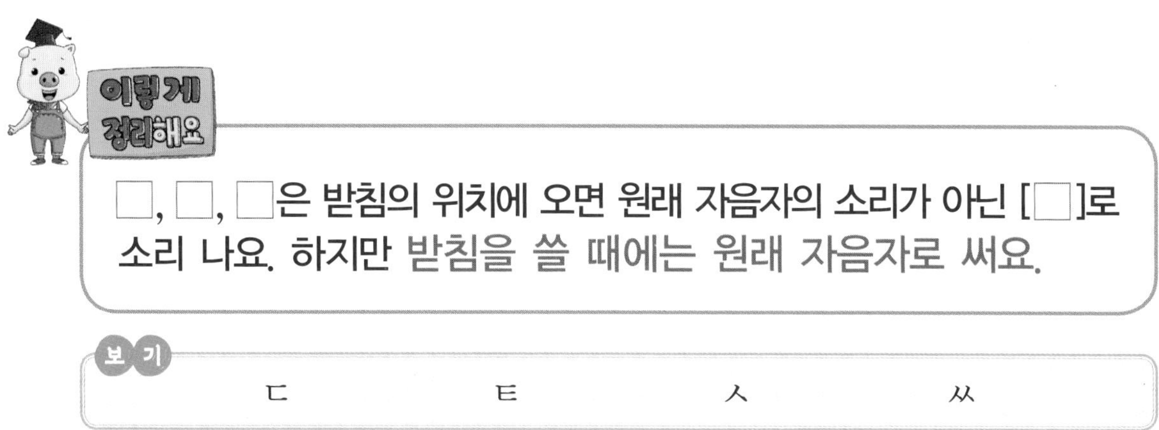

이렇게 정리해요
□, □, □은 받침의 위치에 오면 원래 자음자의 소리가 아닌 [□]로 소리 나요. 하지만 받침을 쓸 때에는 원래 자음자로 써요.
보기
ㄷ ㅌ ㅅ ㅆ

4 부모님이나 선생님이 불러 주시는 말을 바르게 써 봅시다.

1

2 .

3 .

4

5 .

47

왜 그럴까요? ㅈ, ㅊ받침이 ㄷ로 소리 나요 (꽂/꼳)

1 모도리의 말을 듣고 또바기가 여러 가지 물건을 생각하고 있어요. 왜 이런 일이 벌어졌는지 생각해 봅시다.

2 소리 내어 읽고, 빨간색 받침이 어떤 소리가 나는지 보기 에서 골라 [ ] 안에 써 봅시다.

보기
ㄱ ㄴ ㄷ ㄹ ㅁ ㅂ ㅇ

빨간색 받침

돋보기 [ㄷ]

빚 [ ]

빛 [ ]

생각하기 1 빨간색 받침은 모두 어떤 자음으로 소리 납니까?

생각하기 2 빨간색 받침과 ㄷ 를 비교해 봅시다. 원래 자음자와 다르게 소리 나는 것은 무엇입니까?

원리가 쏙쏙

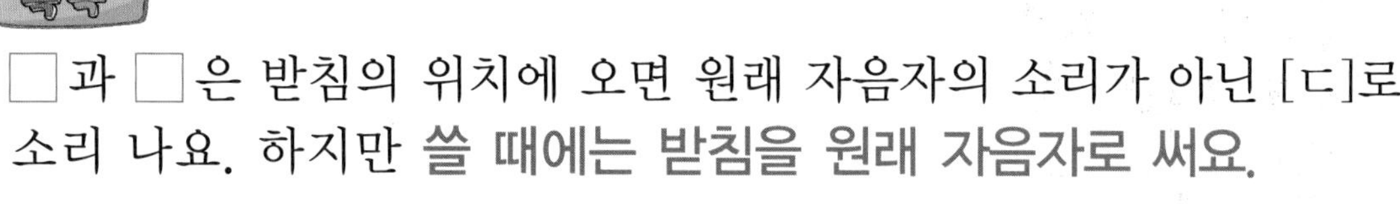
□과 □은 받침의 위치에 오면 원래 자음자의 소리가 아닌 [ㄷ]로 소리 나요. 하지만 쓸 때에는 받침을 원래 자음자로 써요.

ㅈ, ㅊ받침이 ㄷ로 소리 나요 (꽃/꼳)

1 받침 ㅈ이 [ㄷ]로 소리 나는 낱말입니다. 받침을 주의 깊게 살펴보며 따라 쓰고, 소리 내어 읽어 봅시다.

37 51

낮잠 [낟짬]

낮잠

찢다 [ ]

찢다

찾다 [ ]

찾다

꽂다 [ ]

꽂다

2 받침 ㅊ이 [ㄷ]로 소리 나는 낱말입니다. 받침을 주의 깊게 살펴보며 따라 쓰고, 소리 내어 읽어 봅시다.

ㅈ, ㅊ 받침이 ㄷ로 소리 나요 (꽂/꼳)

실력이 쑥쑥

1 바르게 쓴 것에 선으로 이어 봅시다.

• 꼳게

• 꽂게

• 낮다

• 낟다

2 바르게 쓴 것에 ○표 해 봅시다.

(돋단배 / 돗단배 / 돛단배)가 보인다.

(알맏게 / 알맛게 / 알맞게) 딱 맞네 !

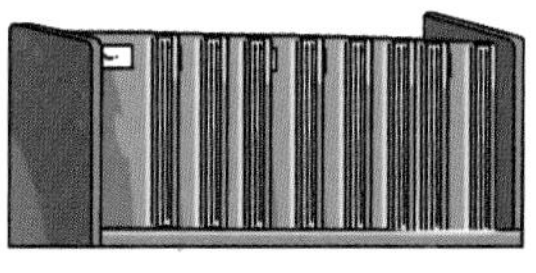

책을 (꼳다 / 꼿다 / 꽂다)

3 배운 내용을 생각하며, 틀린 글자를 바르게 고쳐 써 봅시다.

색종이를 찐다.

색종이를 ☐☐.

일곱 빋깔 무지개

일곱 ☐☐ 무지개

이 책상은 낟구나.

이 책상은 ☐☐☐.

살금살금 뒤를 쫃다.

살금살금 뒤를 ☐☐.

더 나아가기 ㅈ, ㅊ받침이 ㄷ로 소리 나요 (꽃/꼳)

1 그림에 알맞은 낱말을 찾아 또바기가 모도리를 만날 수 있도록 미로를 탈출해 봅시다.

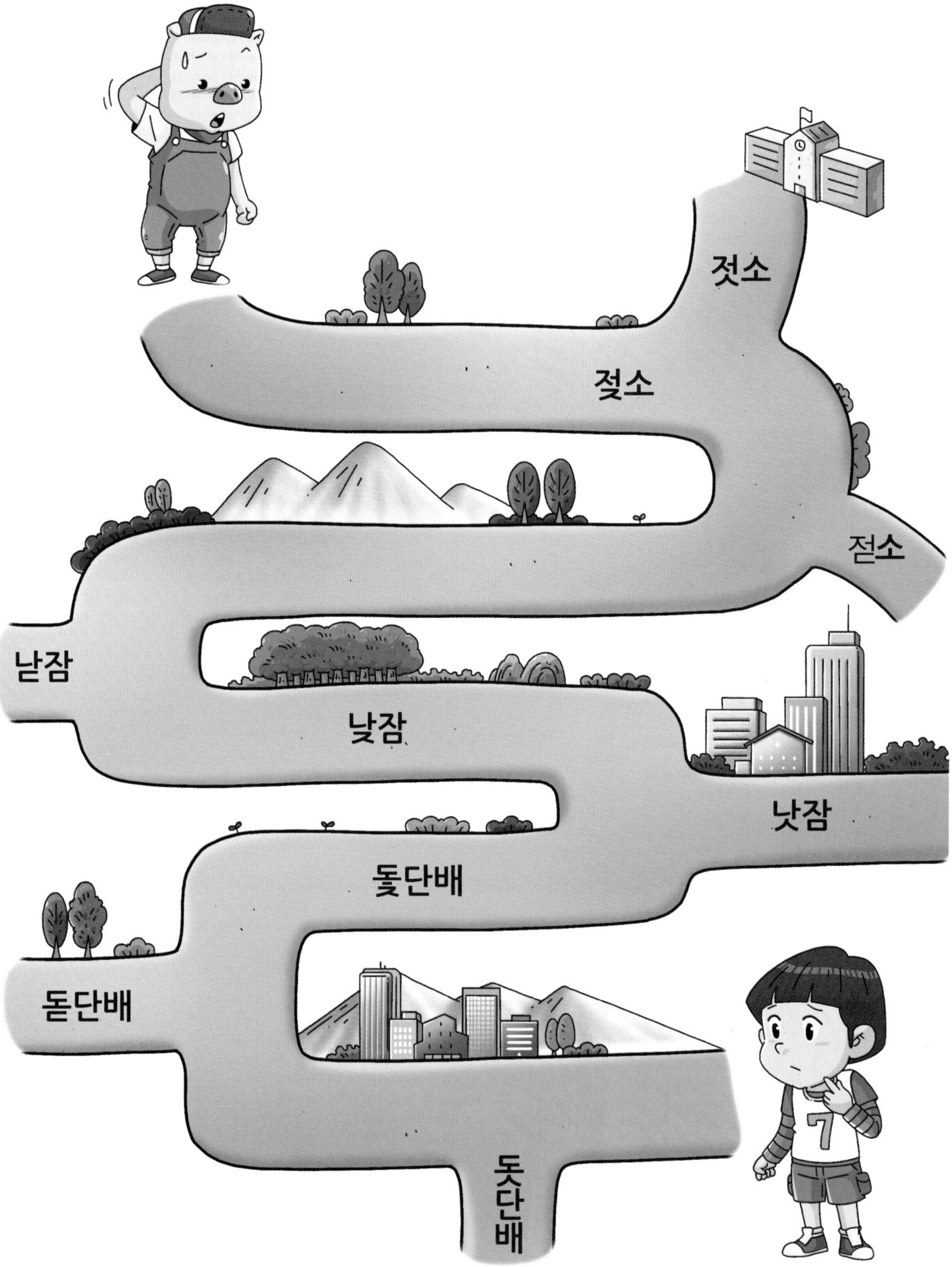

젓소
젖소
젔소
낟잠
낮잠
낫잠
돛단배
돋단배
돗단배

2 정말 열심히 공부했어요. 지금까지 배운 내용을 생각하며, **1**에서 찾은 낱말들의 규칙을 스스로 정리해 봅시다.

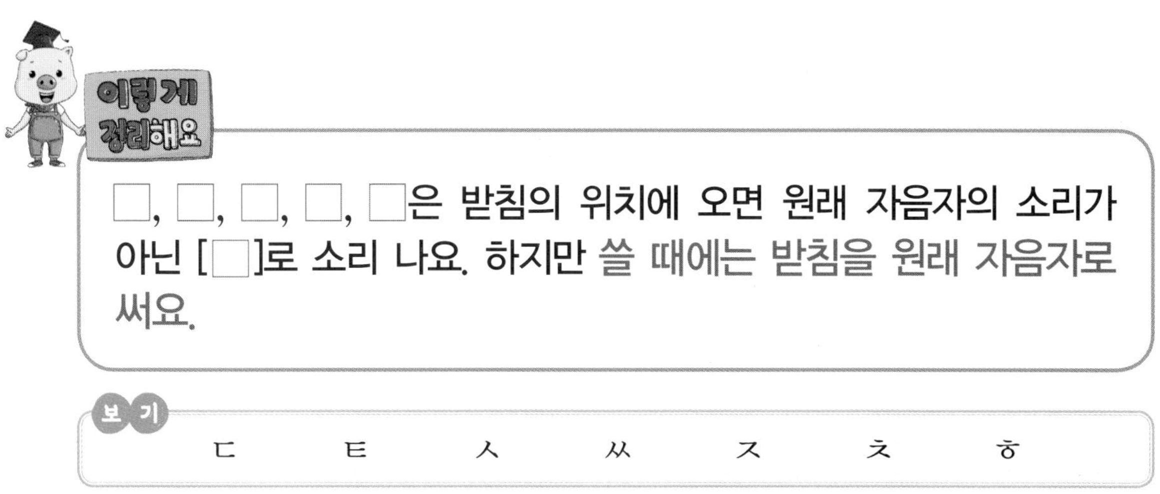

□, □, □, □, □은 받침의 위치에 오면 원래 자음자의 소리가 아닌 [□]로 소리 나요. 하지만 쓸 때에는 받침을 원래 자음자로 써요.

보기

ㄷ　ㅌ　ㅅ　ㅆ　ㅈ　ㅊ　ㅎ

3 부모님이나 선생님이 불러 주시는 말을 바르게 써 봅시다.

①

②

③ .

④ .

⑤ .

48
왜 그럴까요?
ㅍ받침이 ㅂ로 소리 나요
(은행잎/은행입)
1 또바기가 궁금해하는 낱말을 어떻게 써야 할지 생각해 봅시다.
은행입
은행입
입? 이건
이야.
그럼
은
어떻게 써야 해?

2 소리 내어 읽고, 빨간색 받침이 어떤 소리가 나는지 보기 에서 골라 [ ] 안에 써 봅시다.

생각1 하기 빨간색 받침은 모두 어떤 자음으로 소리 납니까?

생각2 하기 빨간색 받침과 ㄴㄷ 를 비교해 봅시다. 원래 자음자와 다르게 소리 나는 것은 무엇입니까?

원리가 쏙쏙

□은 받침의 위치에 오면 원래 자음자의 소리가 아닌 [ㅂ]로 소리 나요. 하지만 쓸 때에는 받침을 원래 자음자 ㅍ으로 써요.

[ㅂ]로 소리 나는 받침 ㅍ은 ㅂ과 모양도 비슷하답니다.

한 걸음, 두 걸음 ㅍ받침이 ㅂ로 소리 나요 (은행잎/은행입)

1 받침 ㅍ이 [ㅂ]로 소리 나는 낱말입니다. 받침을 주의 깊게 살펴보며 따라 쓰고, 소리 내어 읽어 봅시다.

2 바르게 쓴 말이 되도록, 선으로 이어 완성해 봅시다.

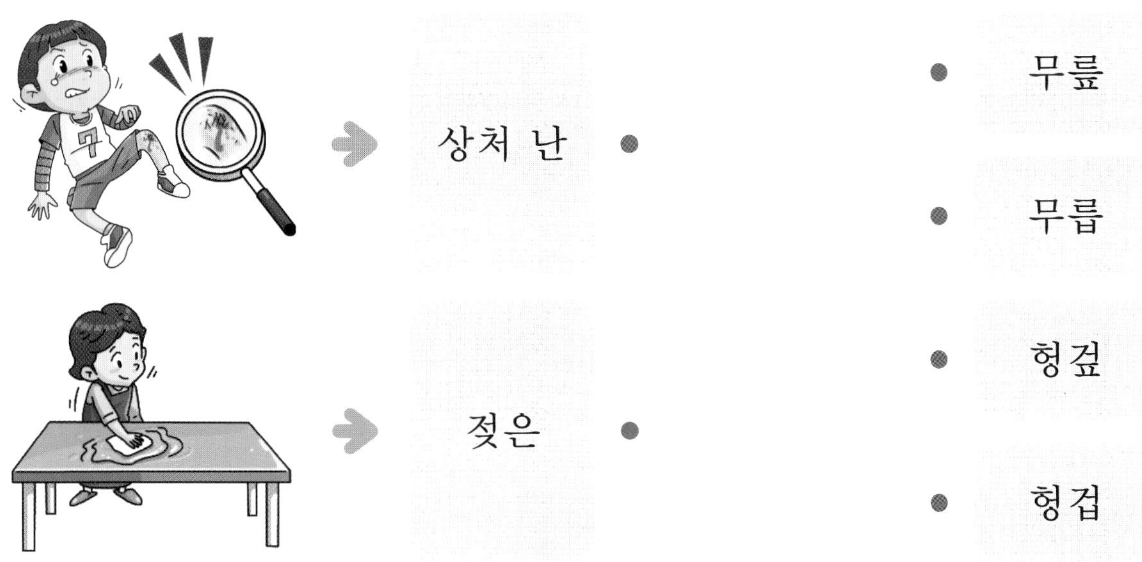

3 옛날과 오늘날의 물건이 어떻게 달라졌는지 비교한 것입니다. 이름을 잘못 쓴 것을 바르게 고쳐 써 봅시다.

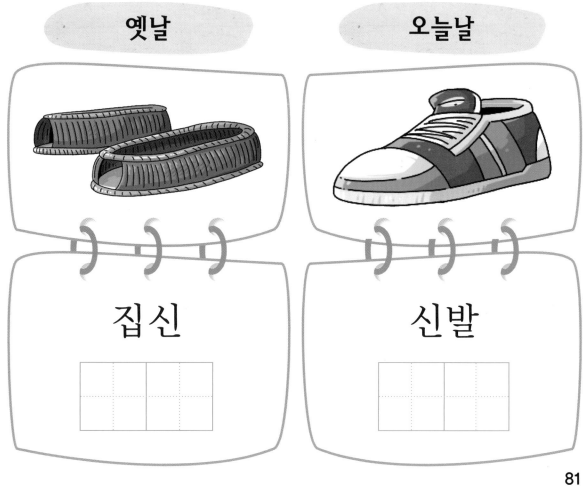

옛날	오늘날
집신	신발

ㅍ받침이 ㅂ로 소리 나요 (은행잎/은행입)

1 배운 내용을 생각하며, 틀린 글자를 빈칸에 바르게 고쳐 써 봅시다.

노란 은행입

노란 ☐☐☐

이불을 덥다.

이불을 ☐☐.

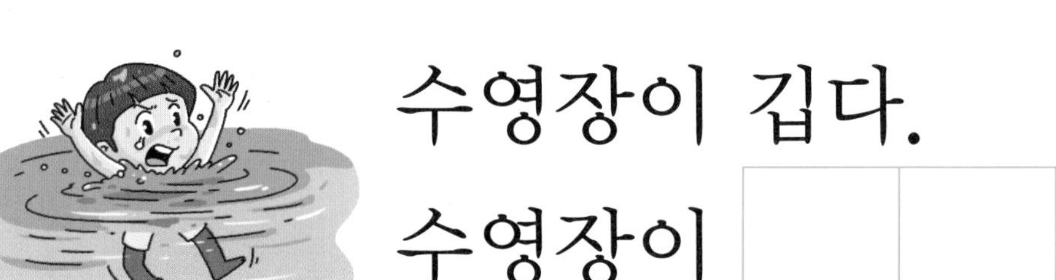

수영장이 깁다.

수영장이 ☐☐.

친구와 놀고 십다.

친구와 놀고 ☐☐.

2 동요 「악어떼」 악보에 가사가 잘못 쓰여 있어요. 바르게 고쳐 쓴 뒤에 노래를 불러 봅시다.

악어떼
이요섭 작사 · 작곡
정 글 숩 을 지나서가자 엉 금 엉 금 기어서가자
늡 지 대 가 나타나면은 악어떼가나 온 다 악어떼!

더 나아가기 ㅍ받침이 ㅂ로 소리 나요 (은행잎/은행입)

1 글자와 받침 ㅍ을 연결하여 낱말이 되는 것을 이어 봅시다.

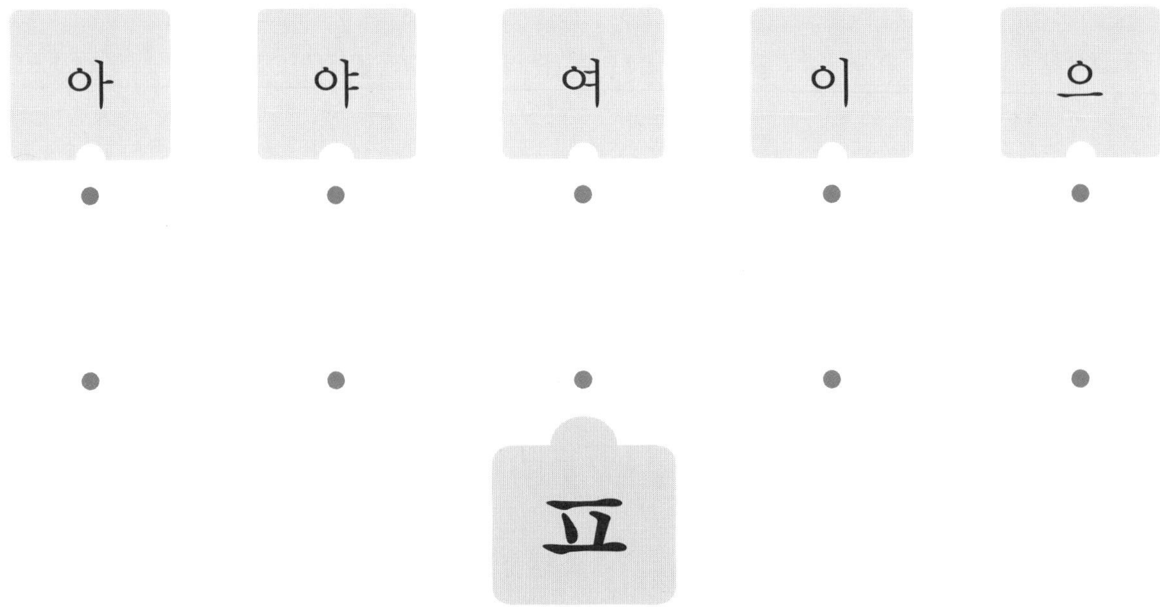

2 **1**에서 찾아낸 받침 ㅍ을 가진 낱말을 빈칸에 차례대로 써 봅시다. 낱말을 소리 내어 읽어 보며, 받침 ㅍ이 어떤 자음으로 소리 나는지 알맞은 것에 ○표 해 봅시다.

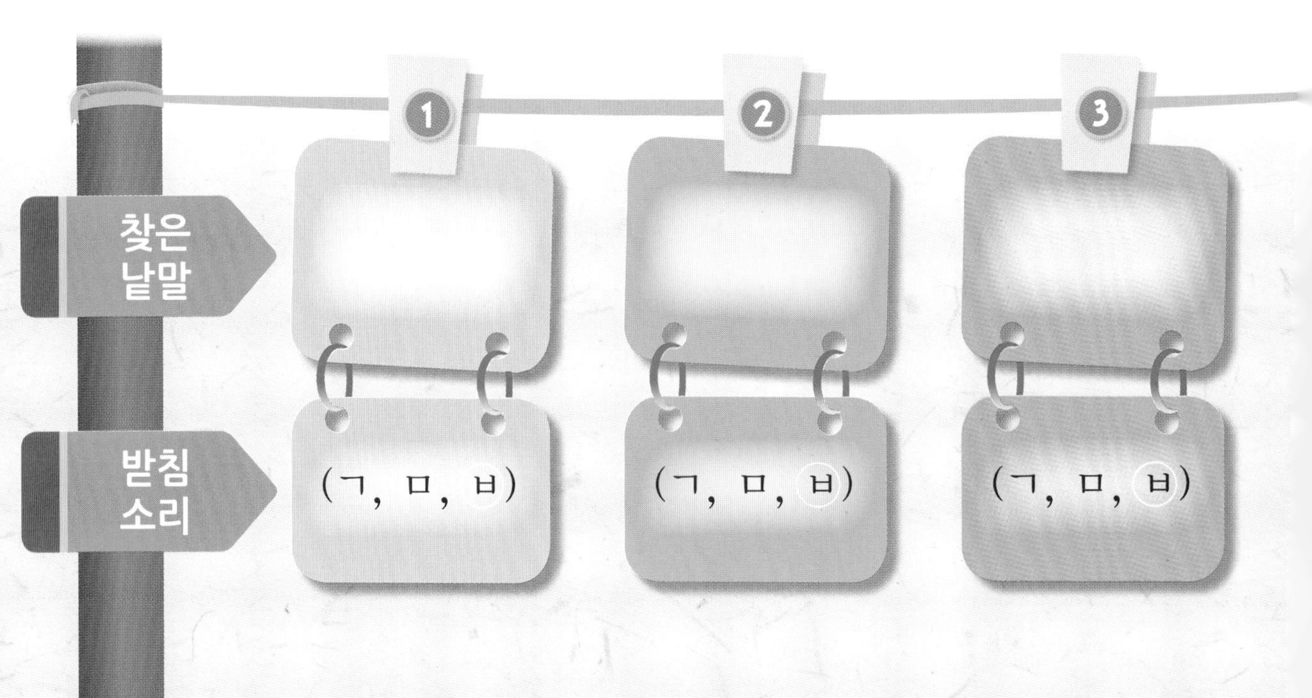

3 정말 열심히 공부했어요. 지금까지 배운 내용을 생각하며, **2**에서 찾은 낱말들의 규칙을 스스로 정리해 봅시다.

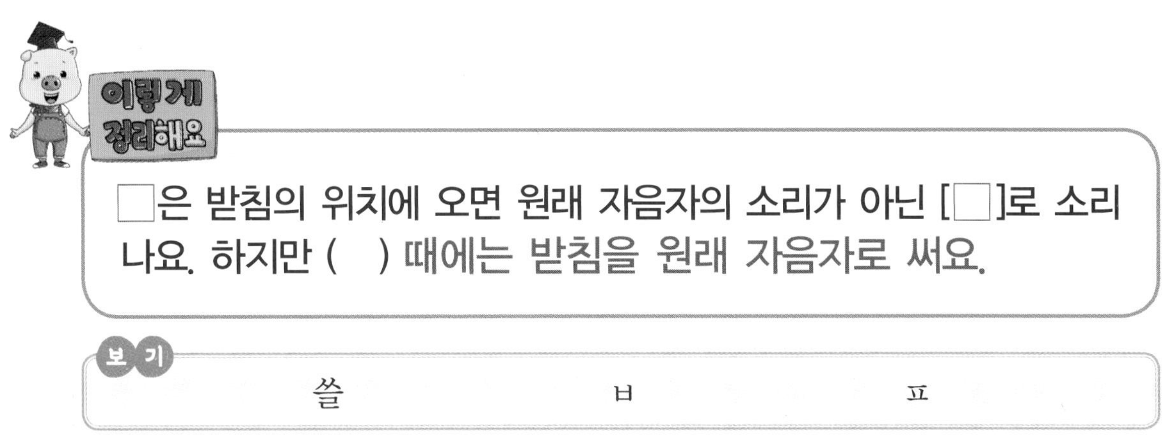

이렇게 정리해요
□은 받침의 위치에 오면 원래 자음자의 소리가 아닌 [□]로 소리 나요. 하지만 ( ) 때에는 받침을 원래 자음자로 써요.
보기
쓸 ㅂ ㅍ

4 부모님이나 선생님이 불러 주시는 말을 바르게 써 봅시다.

①

②

③ .

④ .

⑤ .

'받침소리'의 변신과 쓰기 마법 2

- 받침의 소리가 바뀌고 강한 소리가 함께 나는 말의 쓰는 방법을 알아봅시다.

두 번 변신해서
소리 나는 글자도
있어.

49
왜 그럴까요?
ㄷ로 소리 나는 받침이 넘어가요 (웃어른/우더른)
1 또바기의 질문에 선생님께서 어리둥절해 한 이유가 무엇일지 생각해 봅시다.
오늘은 높임말에 대해 공부해 봅시다.
"웃어른"
웃어른
받침 뒤에 바로 ㅇ이 오면 'ㅇ' 자리로 받침이 가니깐…….
선생님! [우서른]이 뭐예요?
[우서른]?

2 또바기가 궁금해하는 낱말을 소리 내어 읽는 방법을 알아보고, 글자 쓰기와 소리가 어떤 차이가 있는지 생각해 봅시다.

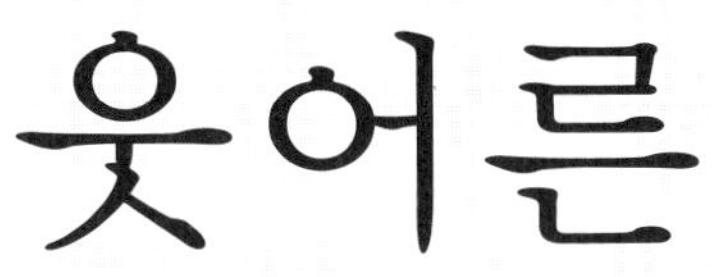

웃어른  [욷][어][른]  [우더른]

① 한 글자씩 소리 내어 봅시다. ② 연결해서 읽어 봅시다.

생각1 하기 '웃'의 받침 ㅅ이 ①의 화살표를 지나 ㄷ으로 바뀐 이유는 무엇일까요?

생각2 하기 ②의 화살표를 지나 연결해서 읽어 보니, 한 글자씩 소리 낼 때와 위치가 달라진 소리가 있어요. 어떤 소리의 위치가 달라졌을까요?

'웃'의 받침 □은 [ㄷ]로 소리가 납니다. 그러면 소리가 [욷어른]이 되는데 이때, 받침소리 [ㄷ] 바로 뒤에 ㅇ이 오면, 받침이 ㅇ의 자리로 옮겨 가서 소리 나요. 그래서 '웃어른'은 [우더른]으로 소리 나요. 하지만 **쓸 때에는 받침 자리에 원래 자음자를 살려서 써요.**

ㄷ로 소리 나는 받침이 넘어가 (웃어른/우더른)

1 소리 내어 읽을 때, 받침의 소리와 위치가 달라지는 말들입니다. 따라 써 봅시다.

2 그림을 보고 아기 동물들의 위치를 소리 나는 대로 적은 것과 바르게 나타낸 말을 선으로 이어 봅시다.

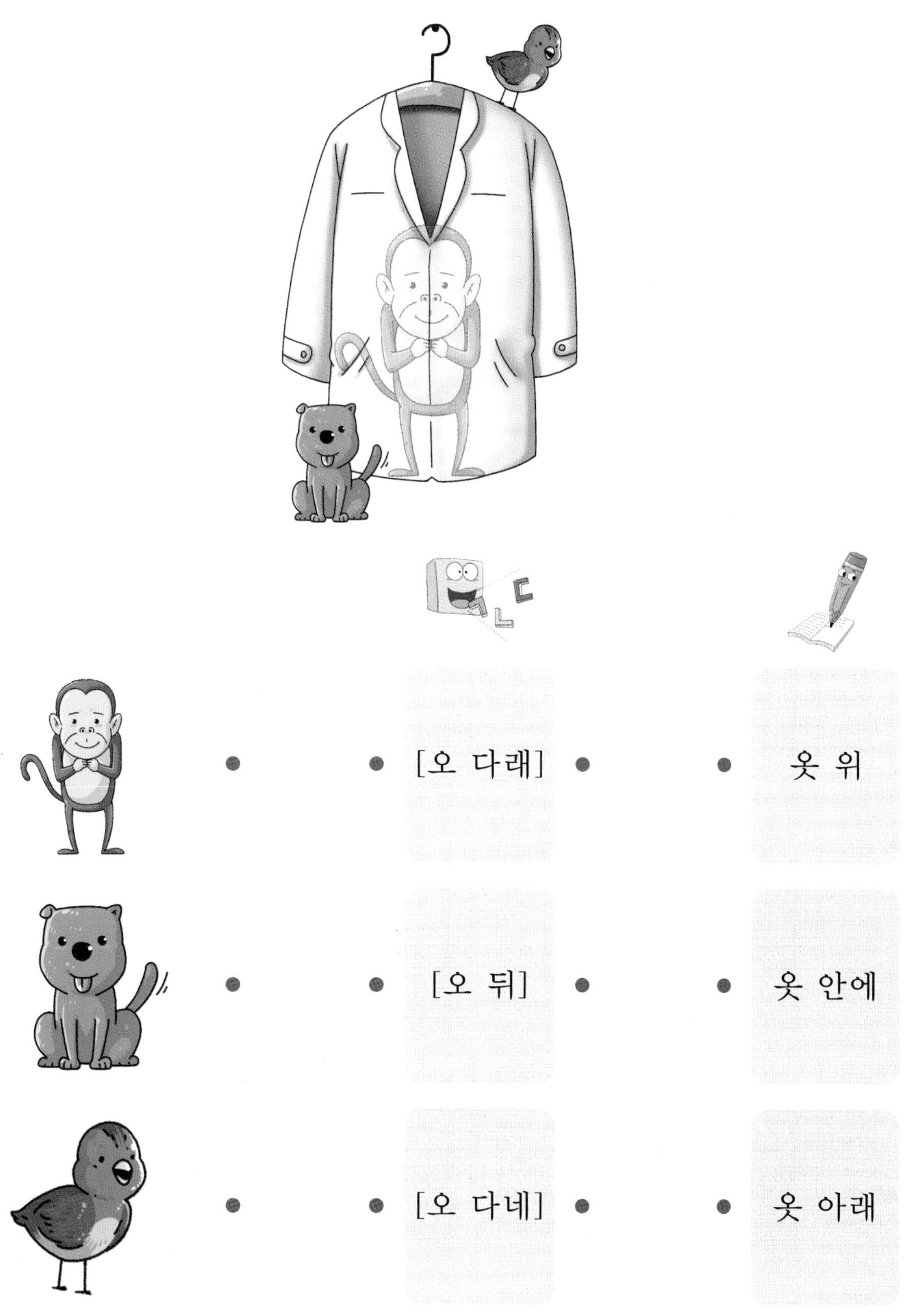

ㄷ로 소리 나는 받침이 넘어가요 (웃어른/우더른)

1 소리 나는 대로 써서 틀린 글자를 바르게 고쳐 써 봅시다.

꼬 뒤에 꿀벌

				꿀벌

우더른께 인사를

			께 인사를

오 다네 있어.

				있어.

거도슬 입으렴.

			입으렴.

2 틀린 문장을 보기 처럼 바르게 고쳐 써 봅시다. 그리고 완성된 문장을 소리 내어 읽어 봅시다.

보기

할아버지가 허두슴을 터뜨리신다.

할아버지가 헛웃음을 터뜨리신다.

바 다래 보물이 있어요.

[ ].

꼬 다폐서 자고 있는 고양이

[ ].

위도슬 벗으렴.

[ ].

ㄷ로 소리 나는 받침이 넘어가요 (웃어른/우더른)

1 그림을 보고 각 꿀벌의 위치를 나타내는 말을 빈칸에 써 봅시다.

위

앞

아래

2 정말 열심히 공부했어요. 지금까지 배운 내용을 생각하며, **1**에서 찾은 낱말들의 규칙을 스스로 정리해 봅시다.

이렇게 정리해요

'웃어른'에서 '웃'의 받침 ㅅ은 [ ] 로 소리 나요. 이때 받침소리 바로 뒤에 ㅇ이 오면, 받침소리가 ㅇ의 자리로 옮겨 가서 소리 나요. 그래서 ( )은 소리가 [ ]으로 나요. 하지만 쓸 때에는 받침 자리에 원래 자음자를 살려서 써요.

보기

웃어른 ㄷ 우더른

3 부모님이나 선생님이 불러 주시는 말을 바르게 써 봅시다.

1

2

3 .

4 .

5 .

50 왜 그럴까요? ㄱ로 소리 나는 받침 뒤 자음자 강하게 소리 나요(깎다/깍따)

1 또바기가 틀리게 쓴 낱말이 무엇일지 생각해 봅시다.

손은 괜찮아?
응, 약 발랐어. 일기에 다친 일 쓰고 있었어.

손톱을 깍따가

손을 다쳤다.

소리 나는 대로 써서 틀린 낱말이 있어.

2 소리 내어 읽고, 소리 나는 대로 [　　　] 안에 써 봅시다.

생각1 하기 빨간색 받침은 모두 어떤 자음자입니까?

생각2 하기 빨간색 받침은 어떻게 소리 납니까?

생각3 하기 파란색 자음자와 를 비교해 봅시다. 파란색 자음자가 어떻게 소리 납니까?

받침 ㄲ은 쌍자음자의 원래 소리가 아닌 [ㄱ]로 소리 납니다. 받침소리 [ㄱ] 뒤에 [ㄱ, ㄷ, ㅂ, ㅅ, ㅈ]가 오면 소리를 편하게 내기 위해서 [ㄲ, ㄸ ㅃ, ㅆ, ㅉ]로 강하게 소리 내요. 하지만 쓸 때에는 원래 자음자 ㄱ, ㄷ, ㅂ, ㅅ, ㅈ을 써요.

소리 나는 대로 쓰면 안 돼요!

ㄱ로 소리 나는 받침 뒤 자음자 강하게 소리 나요(깎다/깍따)

1 받침 소리 [ㄱ] 뒤의 자음자가 강하게 소리 나는 낱말입니다. 따라 써 봅시다.

낱말	소리	쓰기
낚시	[낙씨]	낚 시
섞고	[ ]	섞 고
꺾다	[ ]	꺾 다
엮다	[ ]	엮 다

2 바르게 쓴 말이 되도록, 선으로 이어 완성해 봅시다.

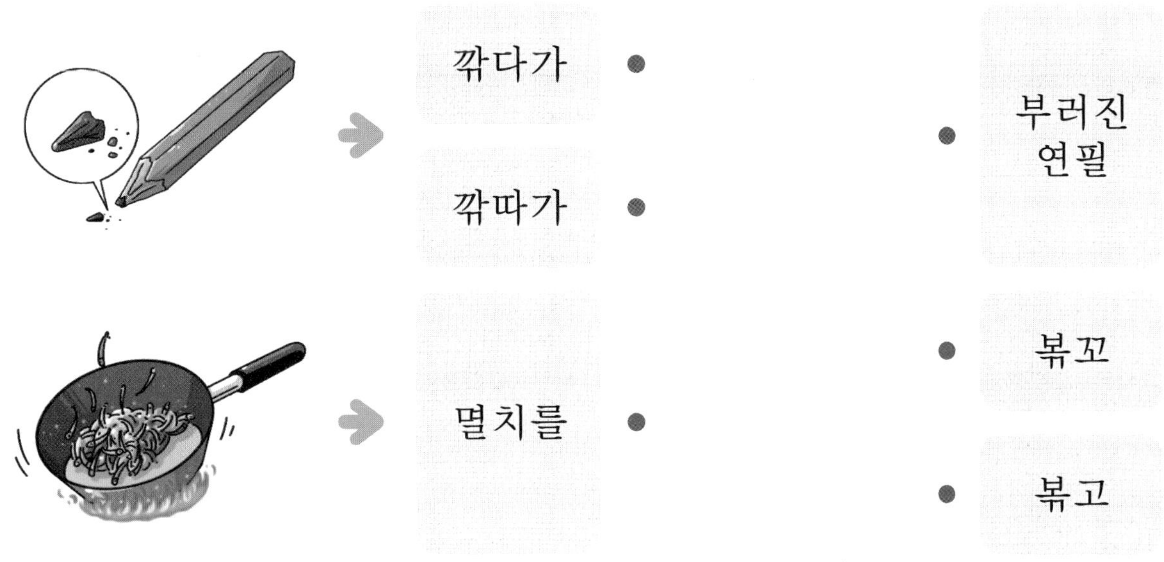

3 그림을 보고, 짐작할 수 있는 낱말을 보기 에서 찾아 써 봅시다.

보기

낙시 낚시 낙씨 낚씨

실력이 쑥쑥 ㄱ로 소리 나는 받침 뒤 자음자가 강하게 소리 나요(깎다/깍따)

1 배운 내용을 생각하며, 틀린 글자를 바르게 고쳐 써 봅시다.

리본을 묵따.

리본을 ☐☐.

칼로 사과를 깍찌.

칼로 사과를 ☐☐.

유리창을 깨끗이 닥꼬

유리창을 깨끗이 ☐☐

빨강과 파랑을 석따.

빨강과 파랑을 ☐☐.

2 '야무진 미용실'에서 할 수 있는 머리 모양입니다. ❶ ~ ❸ 의 문장에서 틀린 글자를 바르게 고쳐 써 봅시다.

❶ 머리를 예쁘게 묵따.

❷ 머리를 시원하게 깍따.

❸ 머리를 뽀글뽀글 복따.

❶ ____________________.

❷ ____________________.

❸ ____________________.

더 나아가기 ㄱ로 소리 나는 받침 뒤 자음자가 강하게 소리 나요(깎다/깍따)

1 그림에 알맞은 문장이 되도록 빈칸을 채워 봅시다.

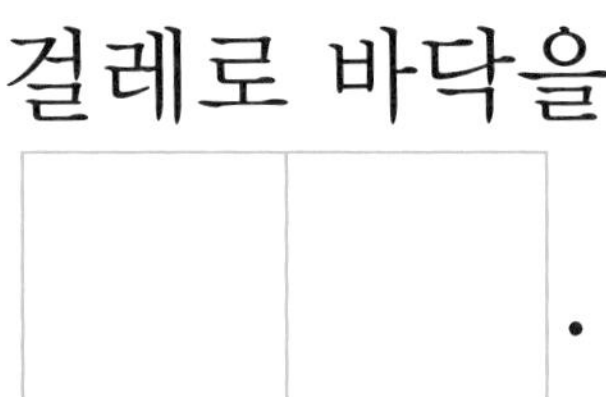

걸레로 바닥을 ☐☐.

골고루 ☐☐.

오른쪽으로 방향을 ☐☐.

책을 만들려고 여러 이야기를 ☐☐.

2 정말 열심히 공부했어요. 지금까지 배운 내용을 생각하며, **1**에서 찾은 낱말들의 규칙을 스스로 정리해 봅시다.

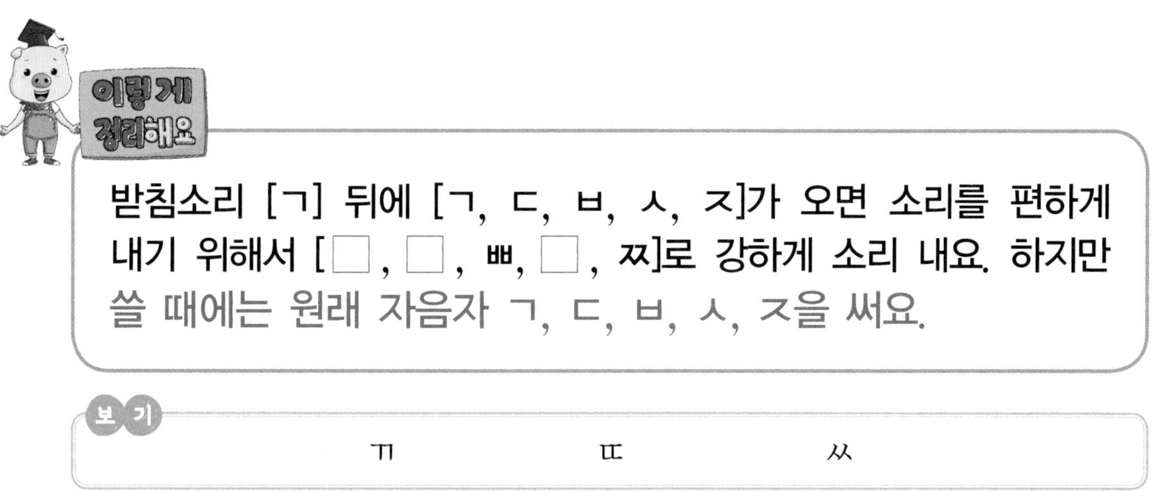

받침소리 [ㄱ] 뒤에 [ㄱ, ㄷ, ㅂ, ㅅ, ㅈ]가 오면 소리를 편하게 내기 위해서 [☐, ☐, ㅃ, ☐, ㅉ]로 강하게 소리 내요. 하지만 쓸 때에는 원래 자음자 ㄱ, ㄷ, ㅂ, ㅅ, ㅈ을 써요.

보기

ㄲ　　　ㄸ　　　ㅆ

3 부모님이나 선생님이 불러 주시는 말을 바르게 써 봅시다.

① ☐

② ☐

③ ☐.

④ ☐.

⑤ ☐.

51

왜 그럴까요?

ㄷ로 소리 나는 받침 뒤 자음자 강하게 소리 나요(돛단배/돋딴

1 모도리와 또바기의 이름표를 비교하며, 누구의 이름표가 바른 것일지 생각해 봅시다.

야! 드디어 완성!
오잉?
모도리 돛단배
또바기 돋딴배

2 소리 내어 읽고, 소리 나는 대로 [ ] 안에 써 봅시다.

돛단배 [돋딴배]

돗자리 [ ]

생각하기 1 빨간색 받침은 어떤 자음자입니까?

생각하기 2 빨간색 받침은 어떻게 소리 납니까?

생각하기 3 파란색 자음자와 ㄱㄴㄷ를 비교해 봅시다. 파란색 자음자가 어떻게 소리 납니까?

원리가 쏙쏙

받침 ㅅ, ㅈ, ㅊ, ㅌ, ㅆ은 자음자의 원래 소리가 아닌 [□]로 소리 납니다. (46, 47)

받침소리 [□] 뒤에 [ㄱ, ㄷ, ㅂ, ㅅ, ㅈ]가 오면 소리를 편하게 내기 위해서 [ㄲ, ㄸ, ㅃ, ㅆ, ㅉ]로 강하게 소리 내요. 하지만 쓸 때에는 원래 자음자 ㄱ, ㄷ, ㅂ, ㅅ, ㅈ을 써요.

또바기는 소리 나는 대로 썼기 때문에 틀린 거야.

1 받침소리 [ㄷ] 뒤의 자음자가 강하게 소리 나는 낱말입니다. 낱말을 따라 써 봅시다.

웃다 [운따] 웃다

늦잠 [ ] 늦잠

팥고물 [ ] 팥고물

숯불 [ ] 숯불

2 소리 내어 읽고, 바르게 쓴 것에 ◯표 해 봅시다.

신나는 (보물찬끼 / 보물찾기)

친구와 팽이치기를 (했다 / 핻따).

3 소리 나는 대로 써서 틀린 낱말입니다. 바르게 쓴 낱말을 보기 에서 찾아 써 봅시다.

돋짜리 →

늗짬 →

왇따 →

숟뿔 →

보기

숯불 왔다 돗자리 늦잠

실력이 쑥쑥 ㄷ로 소리 나는 받침 뒤 자음자가 강하게 소리 나요(돛단배/돋딴배)

1 배운 내용을 생각하며, 틀린 글자를 바르게 고쳐 써 봅시다.

낮에 뜨는 낟딸

낮에 뜨는 [ ][ ]

늗께 일어나서 지각을

[ ][ ] 일어나서 지각을

보물을 찯꼬나서

보물을 [ ][ ][ ][ ]

시원한 팓뺑수

시원한 [ ][ ][ ]

2 소리 내어 읽고, 보기 처럼 바르게 고쳐 써 봅시다.

보기

친구 말에 맏짱구치다.

친구 말에 맞장구치다.

금방 갇따 왔어요.

[ ].

새가 낟께 날아요.

[ ].

딸꾹찔을 하다.

[ ].

더 나아가기

ㄷ로 소리 나는 받침 뒤 자음자가 강하게 소리 나요(돛단배/돋딴배)

1 동요 「비행기」 악보의 일부입니다. 그런데 악보에 가사가 잘못 쓰여 있어요. 바르게 고쳐 쓴 뒤에 노래를 불러 봅시다.

비행기
윤석중 노래
미 국 민요
떤 따떤 따 비 행 기 날 아 라 날 아 라
놉 이놉 이 날 아 라 우 리 비 행 기

2 정말 열심히 공부했어요. 지금까지 배운 내용을 생각하며, **1**에서 찾은 낱말들의 규칙을 스스로 정리해 봅시다.

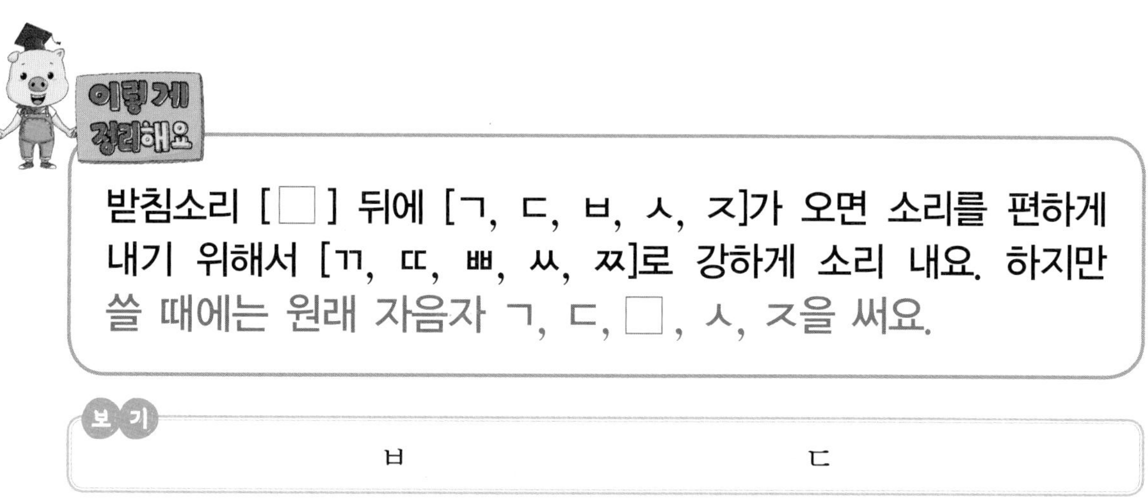

이렇게 정리해요
받침소리 [□] 뒤에 [ㄱ, ㄷ, ㅂ, ㅅ, ㅈ]가 오면 소리를 편하게 내기 위해서 [ㄲ, ㄸ, ㅃ, ㅆ, ㅉ]로 강하게 소리 내요. 하지만 쓸 때에는 원래 자음자 ㄱ, ㄷ, □, ㅅ, ㅈ을 써요.
보기
ㅂ ㄷ

3 부모님이나 선생님이 불러 주시는 말을 바르게 써 봅시다.

① ______________________ .

② ______________________ .

③ ______________________ .

④ ______________________

⑤ ______________________ .

왜 그럴까요?

ㅂ로 소리 나는 받침 뒤 자음자 강하게 소리 나요(잎사귀/입싸-

1 모도리가 고쳐 주려고 하는 글자를 소리 내어 읽어 보고, 어떤 점을 고쳐야 할지 생각해 봅시다.

7

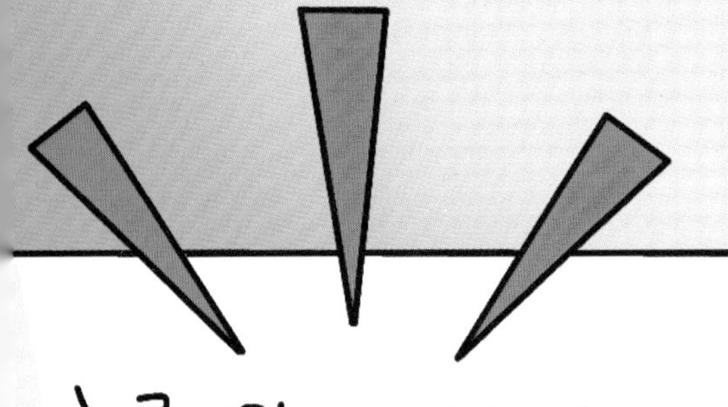
초록 잎싸귀가
얼른 돋아나라고
기도해야지!

또바기야, 이건 어떻게 고쳐야 하냐면……
초록 잎싸귀가
얼른 돋아나라고

2 소리 내어 읽고, 소리 나는 대로 [　　　] 안에 써 봅시다.

입사귀　　[입싸귀]

옆자리　　[　　　]

생각하기 1 빨간색 받침은 어떤 자음자입니까?

생각하기 2 빨간색 받침은 어떻게 소리 납니까?

생각하기 3 파란색 자음자와 를 비교해 봅시다. 파란색 자음자가 어떻게 소리 납니까?

원리가 쏙쏙

받침 ㅍ은 자음자의 원래 소리가 아닌 [□]로 소리가 납니다. 받침소리 [□] 뒤에 [ㄱ, ㄷ, ㅂ, ㅅ, ㅈ]가 오면 소리를 편하게 내기 위해서 [ㄲ, ㄸ, ㅃ, ㅆ, ㅉ]로 강하게 소리 내요. 하지만 쓸 때에는 원래 자음자 ㄱ, ㄷ, ㅂ, ㅅ, ㅈ을 써요.

[입싸귀]로 소리 난다고 그대로 쓰면 안 돼요!

한 걸음, 두 걸음

ㅂ로 소리 나는 받침 뒤 자음지 강하게 소리 나요(잎사귀/입싸

1 받침소리 [ㅂ] 뒤의 자음자가 강하게 소리 나는 말입니다. 따라 써 봅시다.

2 소리 내어 읽고, 바르게 쓴 것에 ○표 해 봅시다.

(높고 / 놉꼬) 가파른 산

옛 사람들은 (집씬 / 짚신)을 신었다.

3 소리 나는 대로 써서 틀린 낱말입니다. 바르게 쓴 낱말을 보기에서 찾아 써 봅시다.

덥따 →

깁꼬 →

헝겁쪼각 →

압짜리 →

보기

헝겊조각 덮다 깊고 앞자리

실력이 쑥쑥 ㅂ로 소리 나는 받침 뒤 자음자가 강하게 소리 나요(잎사귀/입싸귀)

1 배운 내용을 생각하며, 틀린 글자를 바르게 고쳐 써 봅시다.

깁꼬 어두운 동굴

☐☐ 어두운 동굴

지팡이를 집꼬

지팡이를 ☐☐

물을 업찌르다.

물을 ☐☐☐☐.

늡 쏙에 빠진

☐☐☐에 빠진

2 이야기를 읽고, 틀린 부분을 찾아 ○표 해 봅시다.

잠자는 숩 쏙의 공주

놉꼬 놉은 산 속 궁전에 공주가 태어났어요. 왕과 왕비는 기뻐서 잔치를 열었어요. 그런데 잔치에 초대받지 못한 마녀가 화가 나서 찾아왔어요. 마녀는 궁전에 있는 모든 사람들이 깁꼬 깊은 잠에 빠지게 했어요.

3 2에서 ○표 한 말이 들어 있는 말을 바르게 고쳐 써 봅시다.

①

②

③

더 나아가기 ㅂ로 소리 나는 받침 뒤 자음자가 강하게 소리 나요(잎사귀/입싸귀)

1 그림에 알맞은 말을 찾아 또바기가 모도리를 만날 수 있도록 미로를 탈출해 봅시다.

가고 싶고

가고 십꼬

압빠퀴

앞바퀴

엎드려서

업뜨려서

2 정말 열심히 공부했어요. 지금까지 배운 내용을 생각하며, **1**에서 찾은 낱말들의 규칙을 스스로 정리해 봅시다.

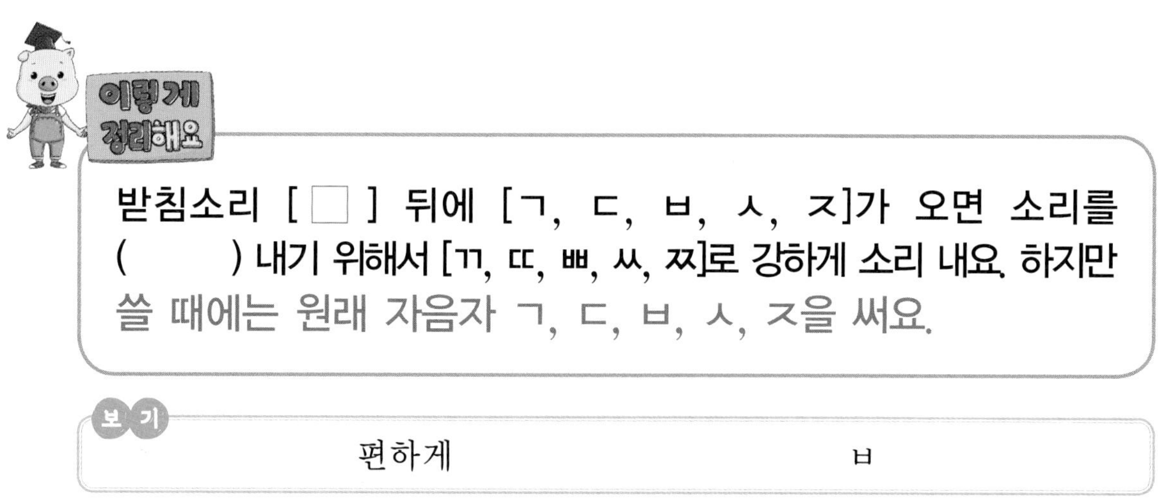

이렇게 정리해요
받침소리 [ ] 뒤에 [ㄱ, ㄷ, ㅂ, ㅅ, ㅈ]가 오면 소리를 ( ) 내기 위해서 [ㄲ, ㄸ, ㅃ, ㅆ, ㅉ]로 강하게 소리 내요. 하지만
쓸 때에는 원래 자음자 ㄱ, ㄷ, ㅂ, ㅅ, ㅈ을 써요.
보기
편하게 ㅂ

3 부모님이나 선생님이 불러 주시는 말을 바르게 써 봅시다.

① .

② .

③

④ .

⑤

12장

'ㄷ, ㅌ'의 변신과 쓰기 마법

- ㄷ이 ㅈ 소리로, ㅌ이 ㅊ 소리로 바뀌는 말의 쓰는 방법을 알아봅시다.

어! 변신했어.

53

자음자의 소리가 바뀌어요 (해돋이/해도지)

1 또바기가 쓴 일기에 틀린 낱말이 있어요. 어떻게 고쳐야 할지 생각해 봅시다.

2 소리 내어 읽고, 소리 나는 대로 [ ] 안에 써 봅시다.

해돋이 [해도디 ⇨ 해도지]

맏이 [마디 ⇨]

생각하기 1 빨간색 받침은 어떤 자음자입니까? 파란색은 어떤 글자입니까?

생각하기 2 와 를 비교해 봅시다. 의 파란색 글자에서 사라진 자음자는 무엇입니까?

생각하기 3 와 를 비교해 봅시다. 위치와 소리가 바뀐 자음자는 무엇입니까?

원리가 쏙쏙

받침 바로 뒤에 '이'가 오면 받침이 ㅇ의 자리로 넘어 가서 소리 납니다. 이 규칙에 따라 '해돋이'는 '해도디'가 되어요. 'ㄷ'은 바로 뒤에 '이'가 오면 편하게 소리 내기 위해서 [ㅈ]로 바꾸어 소리 내요. 하지만 받침 자리에 쓸 때에는 원래 자음자를 써요.

[해도디]와 [해도지]를 소리 내어 보세요. 더 편하게 소리 나는 쪽이 있죠? 하지만 쓸 때에는 소리 나는 대로 쓰면 안돼요.

한 걸음, 두 걸음 자음자의 소리가 바뀌어요 (해돋이/해도지)

1 'ㄷ'이 '이'를 만나 [ㅈ]로 바뀌어 소리 나는 낱말입니다. 따라 써 봅시다.

2 소리 내어 읽고, 바르게 쓴 것에 ○표 해 봅시다.

의자의 (등바지 / 등받이)가 딱딱해요.

내 방 문은 (여다지 / 여닫이)예요.

3 ①, ②를 읽고, '나'는 무엇인지 보기에서 알맞은 낱말을 찾아 빈칸에 써 봅시다.

나는 무엇일까요?

① **'나'는 '추수'와 같은 말이에요.**

② **'나'는 '가을에 익은 곡식을 거둔다.'라는 뜻이에요.**

보기

가을거지	가을겆이	가을걷이

자음자의 소리가 바뀌어요 (해돋이/해도지)

1 배운 내용을 생각하며, 틀린 글자를 바르게 고쳐 써 봅시다.

삼형제 중 마지

삼형제 중 

아기의 턱바지

아기의 ☐☐☐

구지 고집을 부려서

☐☐ 고집을 부려서

가을거지로 바쁜 농부

☐☐☐☐ 로 바쁜 농부

2 또바기의 일기를 읽고, 틀린 부분에 ○표 해 봅시다.

20xx년 x월 x일 x요일 날씨:

엄마, 아빠, 모도리와 나 4명이서 여행을 갔어요. 해도지를 보았어요. 해를 보면서 소원을 빌면 소원이 이루어진다고 엄마가 말씀하셨어요.

"우리 마지는 소원이 뭐니?"

그러자 모도리가 대답했어요.

"놀이공원에 가고 싶어요."

"우아, 내 소원이랑 똑같아요."

"소원아 이루어져라 얍!"

3 2에서 ○표 한 낱말이 들어 있는 문장을 바르게 고쳐 써 봅시다.

① [ ] .

② [ ] ?

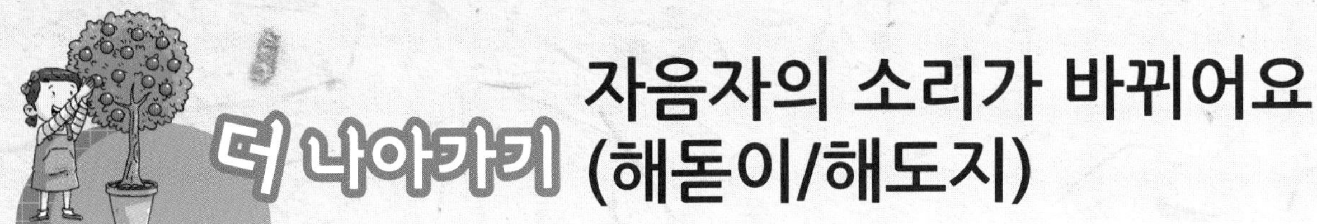

자음자의 소리가 바뀌어요 (해돋이/해도지)

1 'ㄷ'이 '이'를 만나 [ㅈ]로 바뀌어 소리 나는 낱말입니다. 낱말이 완성되도록 보기 에서 알맞은 글자를 골라 빈칸에 써 봅시다.

보기

여 등 턱 미

2 1에서 찾아낸 낱말을 소리 내어 읽고, 빈칸에 써 봅시다.

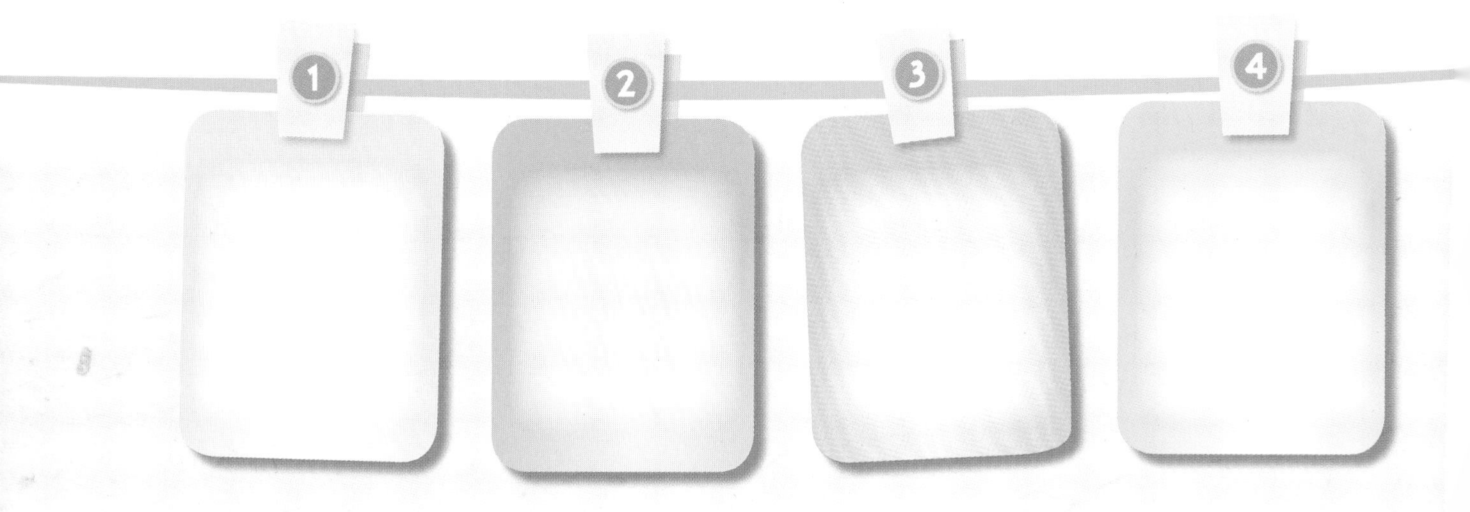

3 정말 열심히 공부했어요. 지금까지 배운 내용을 생각하며, **2**에서 찾은 낱말들의 규칙을 스스로 정리해 봅시다.

이렇게 정리해요

'굳이'에서 'ㄷ'은 바로 뒤에 □가 오면 편하게 소리 내기 위해서 [□]로 바꾸어 소리 내요. 하지만 받침 자리에 쓸 때에는 원래 자음자로 써요.

보기

ㅈ　　　이

4 부모님이나 선생님이 불러 주시는 말을 바르게 써 봅시다.

① ______________________.

② ______________________.

③ ______________________.

④ ______________________.

⑤ ______________________.

자음자의 소리가 바뀌어요 (같이/가치)

1 또바기가 친구들에게 편지를 썼어요. 친구가 편지를 읽고 틀린 곳이 있다고 말하고 있어요. 편지에서 고쳐야 할 글자가 무엇인지 생각해 봅시다.

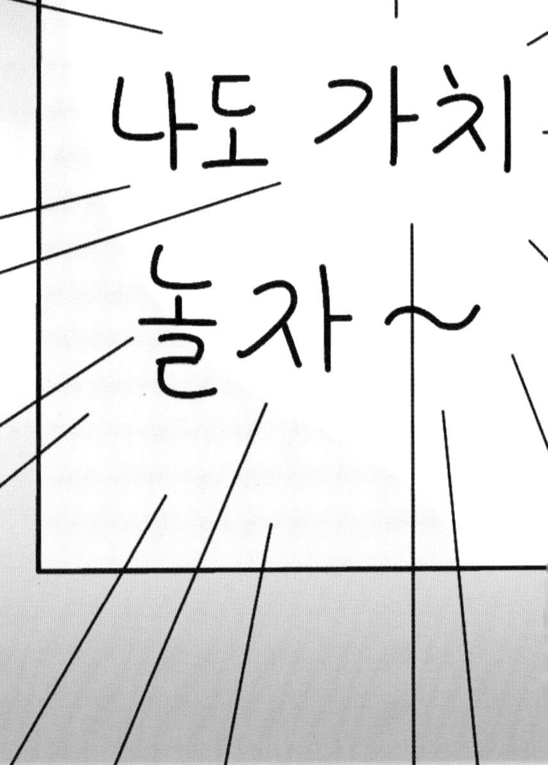

2 소리 내어 읽고, 소리 나는 대로 [   ] 안에 써 봅시다.

같이 [가티 ⇨ 가치]

꽃밭이 [꼳빠티 ⇨   ]

47, 51

생각1 하기 빨간색 받침은 어떤 자음자입니까? 파란색은 어떤 글자입니까?

생각2 하기 와 를 비교해 봅시다. 위치와 소리가 바뀐 자음자는 무엇입니까?

생각3 하기 와 를 비교해 봅시다. 사라진 자음자는 무엇입니까?

원리가 쏙쏙

받침 바로 뒤에 '이'가 오면 받침이 ㅇ의 자리로 넘어가서 소리 납니다. 32, 33 이 규칙에 따라 '같이'는 '가티'가 되어요. ㅌ이 바로 뒤에 '이'가 오면 편하게 소리 내기 위해서 [ㅊ]로 바꾸어 소리 내요. 하지만 받침 자리에 쓸 때에는 원래 자음자로 써요.

자음자의 소리가 바뀌어요 (같이/가치)

1 'ㅌ'이 '이'를 만나 [ㅊ]로 바뀌어 소리 나는 낱말입니다. 따라 써 봅시다.

똑같이 [똑까치]

36

똑같이

붙이다 [ ]

붙이다

샅샅이 [ ]

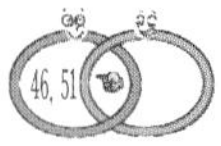

46, 51

샅샅이

낱낱이 [ ]

46 57

낱낱이

2 바르게 쓴 것에 ○표 해 봅시다.

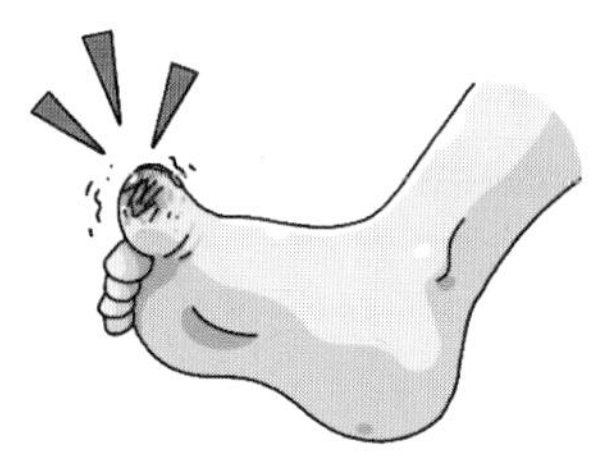

(발끄치 / 발끝이) 아파요.

☞ [발끄시]라고 소리 내지 않도록 주의해요.

우리 (가치 / 같이) 놀자.

3 소리 나는 대로 써서 틀린 낱말입니다. 바르게 고쳐 쓴 낱말을 보기 에서 찾아 써 봅시다.

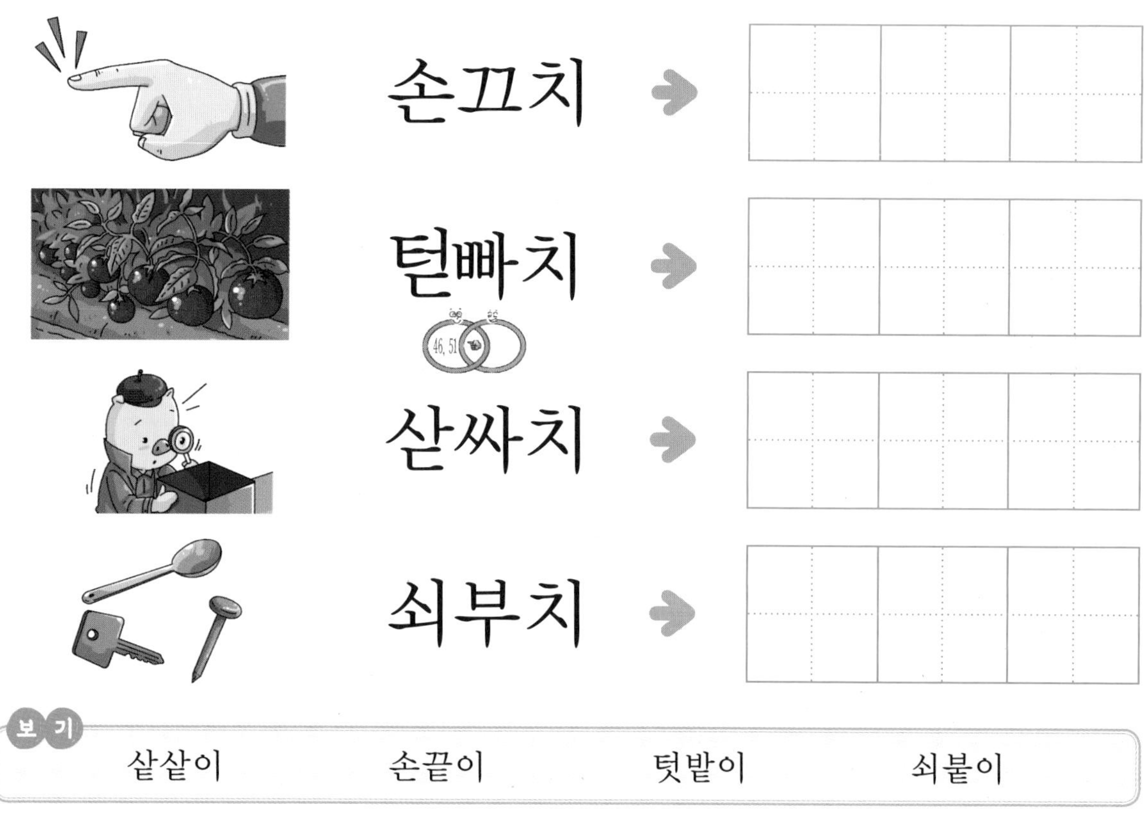

손끄치 →

텃빠치 →

삳싸치 →

쇠부치 →

보기

삳삳이　　손끝이　　텃밭이　　쇠붙이

자음자의 소리가 바뀌어요 (같이/가치)

1 배운 내용을 생각하며, 틀린 글자를 바르게 고쳐 써 봅시다.

아빠랑 똑가치

아빠랑 ☐☐☐

거치 새까맣다.

☐☐ 새까맣다.

콩바치 푸르다.

콩☐☐ 푸르다.

풀로 부치다.

풀로 ☐☐☐.

2 또바기의 일기를 읽고, 틀린 부분에 ○표 해 봅시다.

20xx년 x월 x일 x요일 날씨:

집 앞 마당 화단 주변에 꽃잎들이 떨어져 있어요. 빨간 꽃잎, 노란 꽃잎, 하얀 꽃잎. 하나, 둘 주워서 내 방으로 왔어요.
하얀 도화지에 풀로 부치니까 예쁜 꼬바치 되었어요.

3 2에서 ○표 한 낱말이 들어 있는 문장을 바르게 고쳐 써 봅시다.

①

② .

더 나아가기 자음자의 소리가 바뀌어요 (같이/가치)

1 'ㅌ'이 '이'를 만나 [ㅊ]로 바뀌어 소리 나는 말입니다. 사다리를 타고 내려가서 소리 나는 대로 쓴 것을 바르게 쓴 말과 연결해 봅시다.

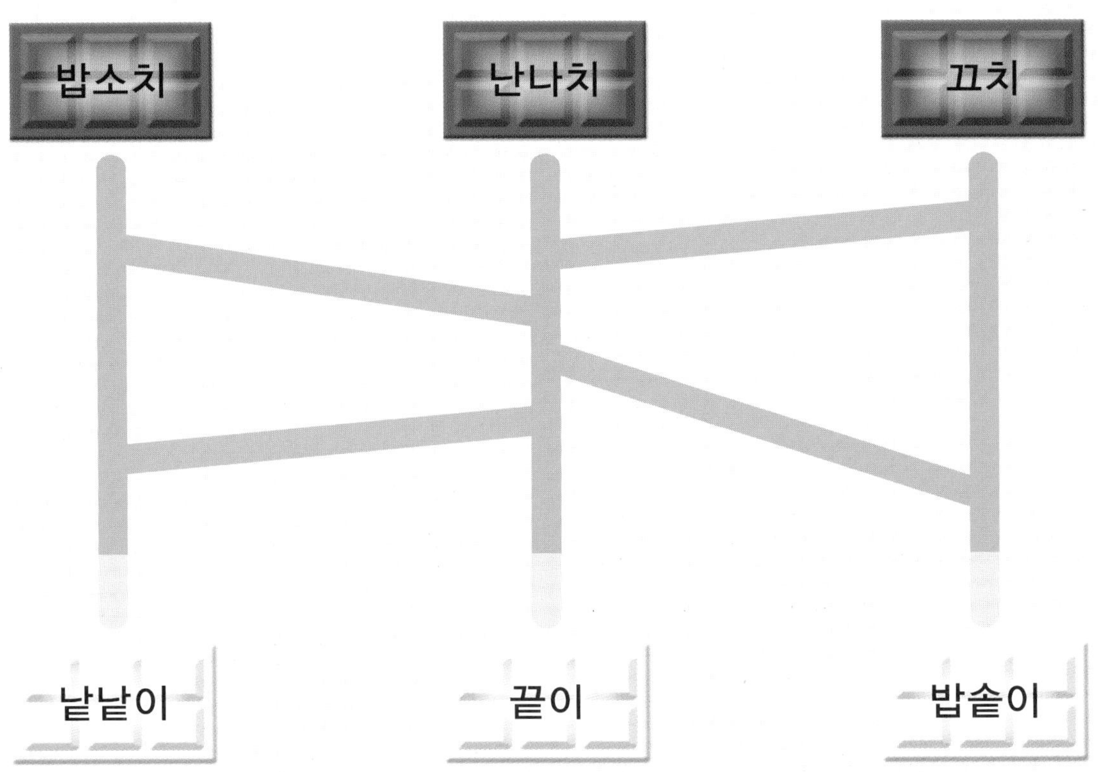

2 1에서 찾아낸 낱말을 소리 내어 읽고, 빈칸에 써 봅시다.

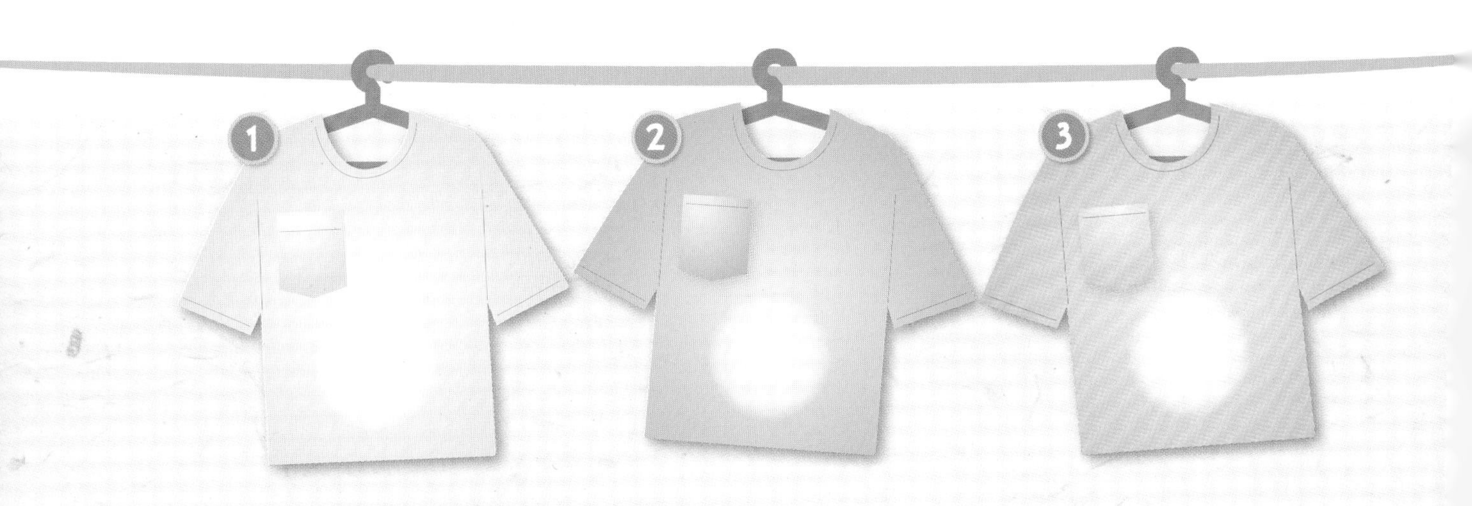

3 정말 열심히 공부했어요. 지금까지 배운 내용을 생각하며, **2**에서 찾은 낱말들의 규칙을 스스로 정리해 봅시다.

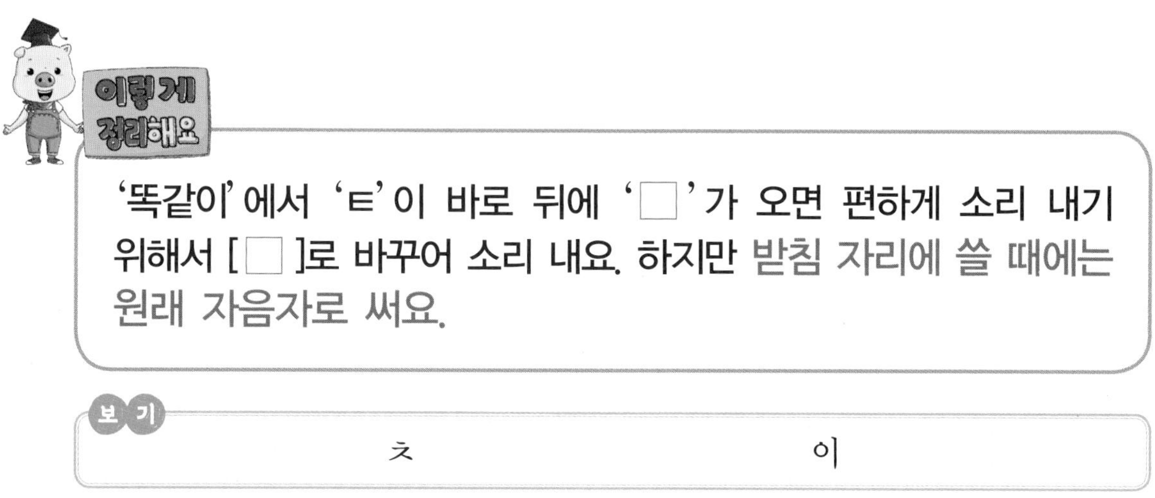

'똑같이'에서 'ㅌ'이 바로 뒤에 '□'가 오면 편하게 소리 내기 위해서 [□]로 바꾸어 소리 내요. 하지만 받침 자리에 쓸 때에는 원래 자음자로 써요.

보기

ㅊ 이

4 부모님이나 선생님이 불러 주시는 말을 바르게 써 봅시다.

① .

② .

③ .

④

⑤ .

55

왜 그럴까요?

자음자의 소리가 바뀌어요 (닫히다/다치다)

1 또바기가 잘못 쓴 글자 때문에 엄마가 깜짝 놀랐어요. 어떤 글자를 고쳐 쓰면 뜻이 바르게 전달될지 생각해 봅시다.

준비물 사러 문구점
다녀올게요.
근데 문이 세게 다쳐서
놀랐어요. 이젠 괜찮아
걱정 마세요.

2 소리 내어 읽고, 소리 나는 대로 ☐ 안에 써 봅시다.

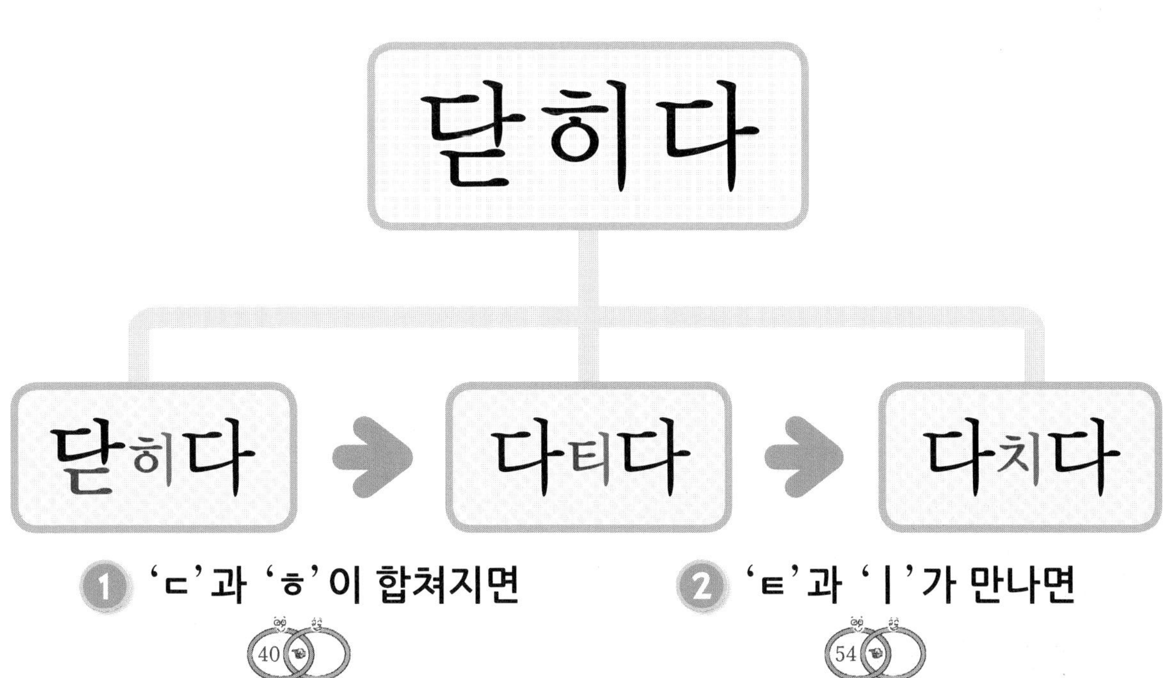

생각하기 1 ① 에서 'ㄷ'과 'ㅎ'이 합쳐지면 어떤 자음으로 소리가 납니까?

생각하기 2 ② 에서 'ㅌ'이 'ㅣ'를 만나면 어떤 소리로 바뀝니까?

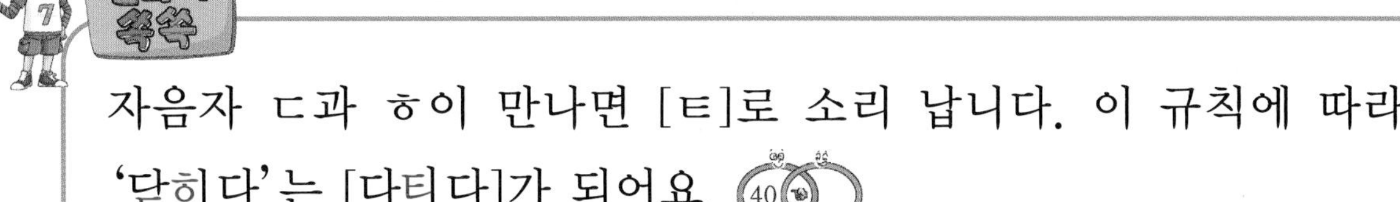

자음자 ㄷ과 ㅎ이 만나면 [ㅌ]로 소리 납니다. 이 규칙에 따라 '닫히다'는 [다티다]가 되어요. 40

'ㅌ'은 바로 뒤에 '☐'가 오면 편하게 소리 내기 위해서 [ㅊ]로 바꾸어 소리 내요. 하지만 받침 자리에 쓸 때에는 원래 자음자로 써요.

자음자의 소리가 바뀌어요 (닫히다/다치다)

1 'ㄷ'과 'ㅎ'이 합쳐진 후, 'ㅣ'를 만나 [ㅊ]로 바뀌어 소리 나는 낱말입니다. 따라 써 봅시다.

갇히다 [가치다]

갇 히 다

굳히다 [ ]

굳 히 다

묻히다 [ ]

묻 히 다

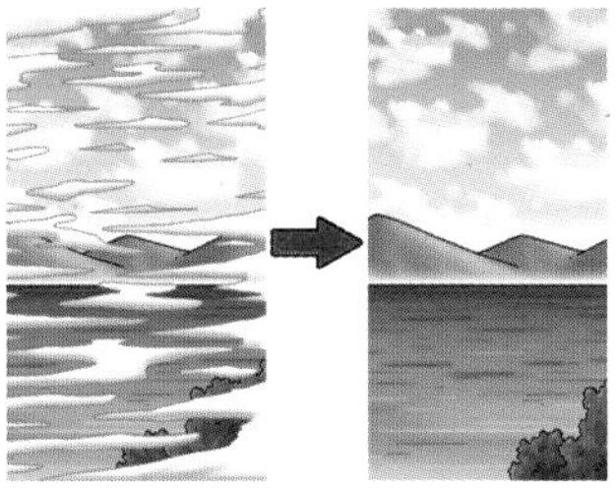

걷히다 [ ]

걷 히 다

2 그림에 알맞은 문장이 되도록, 바르게 고쳐 써 봅시다.

문이 쾅 다치다. ➔ 문이 쾅 ☐☐다.

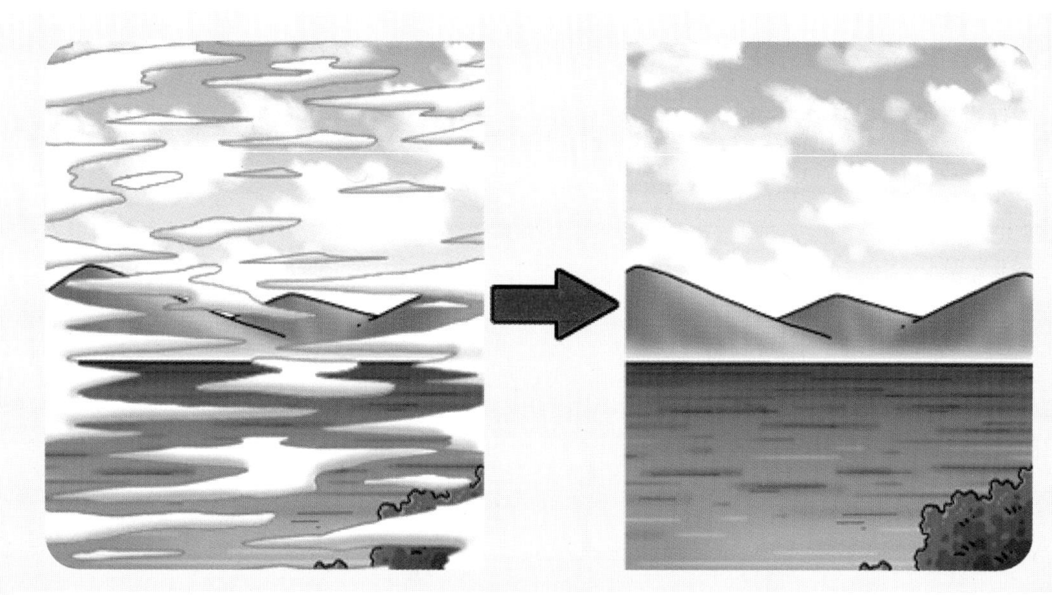

안개가 거치다. ➔ 안개가 ☐☐다.

자음자의 소리가 바뀌어요 (닫히다/다치다)

1 배운 내용을 생각하며, 틀린 글자를 바르게 고쳐 써 봅시다.

반죽을 말려서 구치다.

반죽을 말려서  .

바다에 무친 보물

바다에  보물

감옥에 가치다.

감옥에 ☐☐☐ .

자동차에 바치다.

자동차에 ☐☐☐ .

2 소리 내어 읽고, 보기 처럼 바르게 고쳐 써 봅시다.

보기

소뿔에 바쳐 다쳤어요.

소뿔에 받혀 다쳤어요.

문이 다쳐 옷이 끼다.

.

옷에 오물을 무치다.

.

무대의 장막이 거치다.

.

자음자의 소리가 바뀌어요 (닫히다/다치다)

1 어떤 의 소리일지 를 보고, 빈칸에 알맞은 자음자를 써 봅시다.

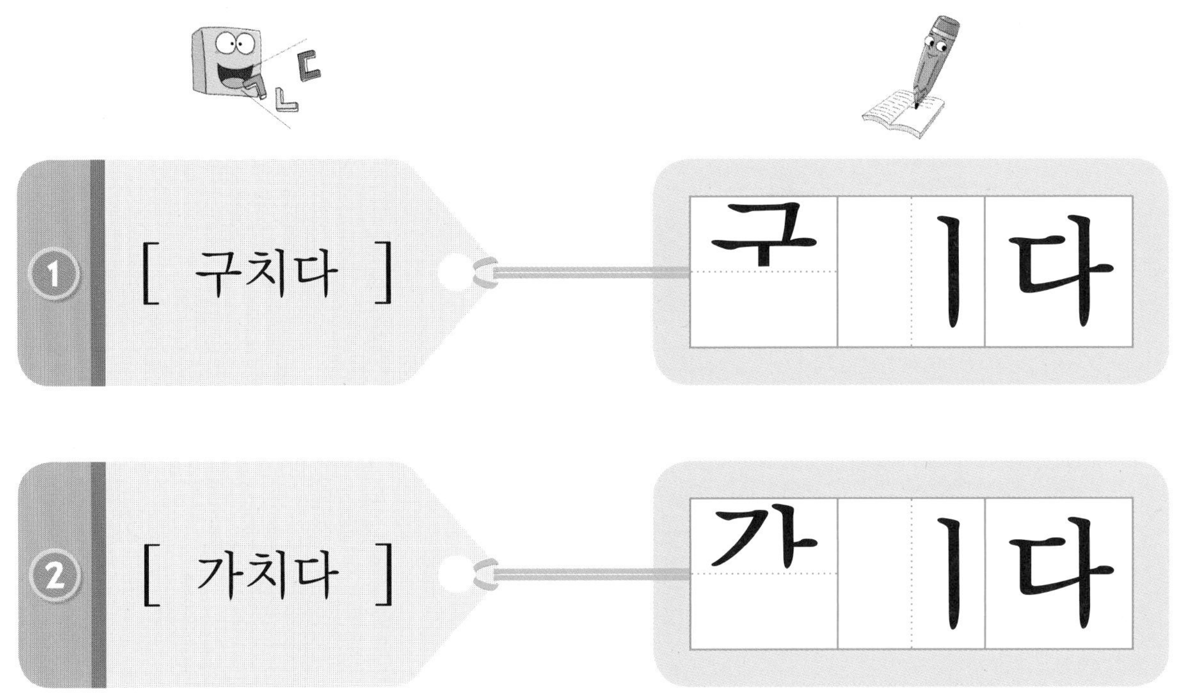

2 1에서 찾아낸 낱말을 빈칸에 써 봅시다.

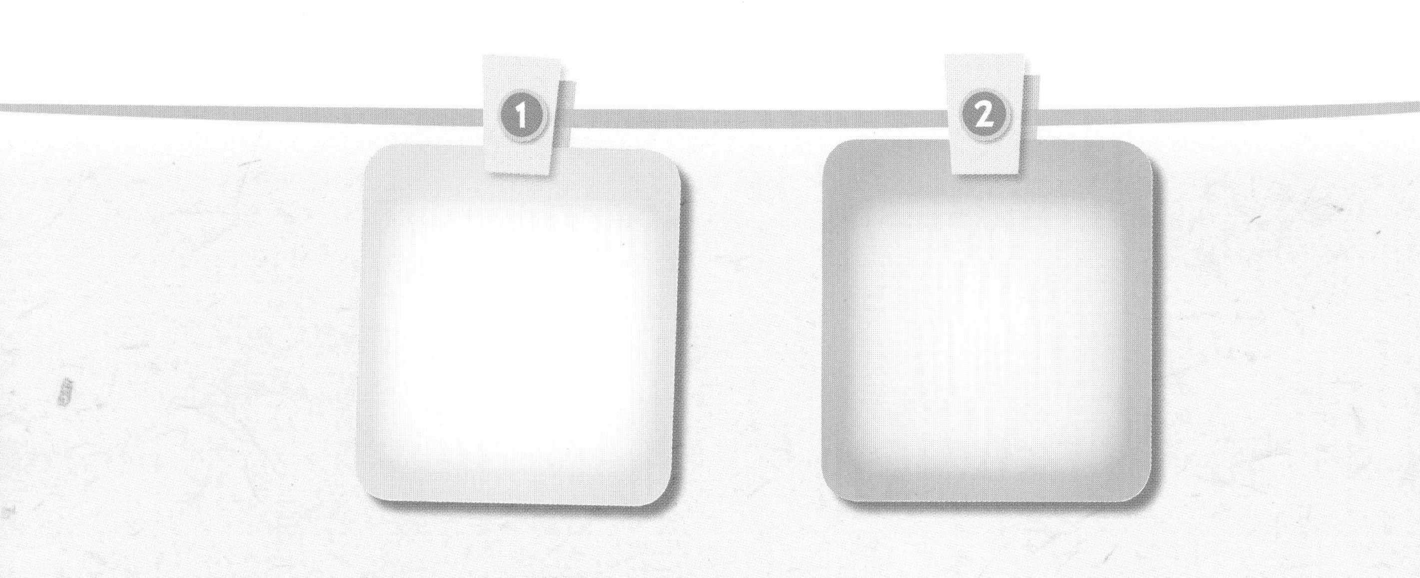

3 정말 열심히 공부했어요. 지금까지 배운 내용을 생각하며, **2**에서 찾은 낱말들의 규칙을 스스로 정리해 봅시다.

이렇게 정리해요

자음자 ☐이 ㅎ을 만나 합쳐지면 [☐]로 소리 나요. 이렇게 합쳐진 [ㅌ]는 바로 뒤에 [☐]가 오면 편하게 소리 내기 위해서 [ㅊ]로 바꾸어 소리 내요. 하지만 받침 자리에 쓸 때에는 원래 자음자로 써요.

보기

ㄷ　　ㅌ　　ㅣ

4 부모님이나 선생님이 불러 주시는 말을 바르게 써 봅시다.

1. ☐ .
2. ☐ .
3. ☐ .
4. ☐ .
5. ☐ .

메모

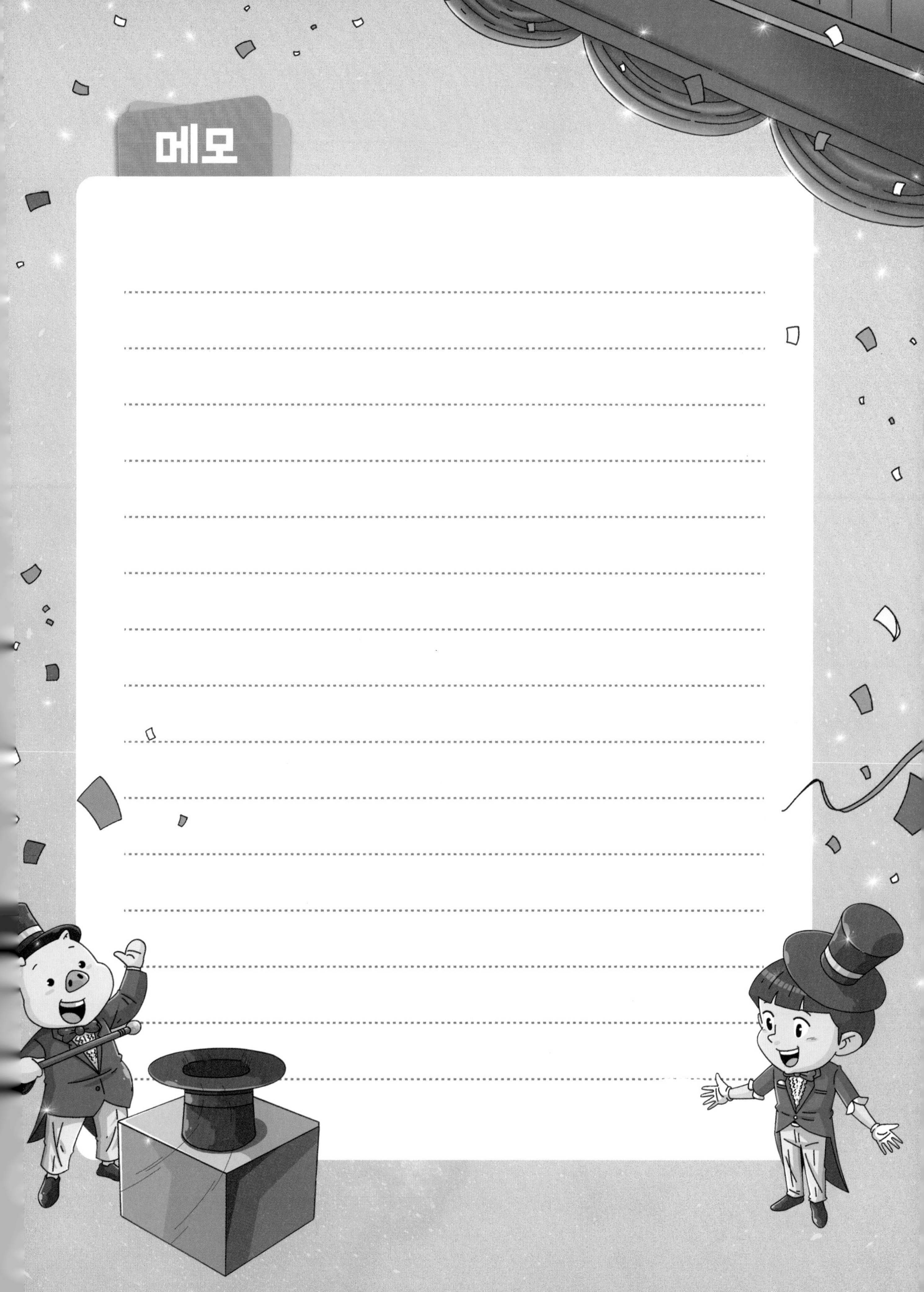
메모

또바기와 모도리의 야무진 한글 ③

2019년 12월 2일 초판 1쇄 인쇄
2019년 12월 11일 초판 1쇄 발행

지은이 이병규, 김혜진
그린이 백용원

펴낸이 양진오
펴낸곳 (주)교학사
주 소 서울특별시 마포구 마포대로 14길 4(사무소)
서울특별시 금천구 가산디지털 1로 42(공장)
전 화 영업 (02) 7075-147 편집 (02) 7075-360
등 록 1962년 6월 26일 (18-7)
편 집 김선자
조 판 김예나
디자인 유보경

이 도서의 국립중앙도서관 출판시도서목록(CIP)은 서지정보유통지원시스템 홈페이지(http://seoji.nl.go.kr)와 국가자료공동목록시스템(http://www.nl.go.kr/kolisnet)에서 이용하실 수 있습니다. (CIP제어번호 : CIP2019014740)

이 책에 실린 동요는 한국음악저작권협회(KOMCA)의 승인을 받았습니다.
함께자람은 (주)교학사의 유아·어린이 책 브랜드입니다.
잘못 만들어진 책은 구입하신 서점에서 바꾸어 드립니다.

⚠주의 책 모서리가 날카로우니 떨어뜨리지 않도록 조심하시고, 책장을 넘길 때 베이지 않도록 주의하시기 바랍니다.
(사용 연령: 만 5세 이상)

이병규 교수의
받아쓰기 편

또바기와 모도리의

야무진 한글 3

이병규 교수의
받아쓰기 편

또바기와 모도리의

야무진 한글 ③

글씨 쓰기 연습

함께자람

좋다

많형

놓다

쌓다

파랗다

깨끗하다

빼끗하다

희끗하다

하늘이 파랗다

타조가 알을 낳다

손을 깨끗하게 씻어라

사이좋던 친구가 이사를 간다

아직 날지 못하는 아기 새

좋고

특히

삼각형

국화

익히다

착하다

마음씨가 착하다

낙하산을 펴다

뜨거운 물을 식히다

기분이 좋고 신난다

계란을 넣고 밥을
비빈다

42 곱히

대답하다

잡히다

굽히다

좁히다

술래가 잡히다

친구가 이사 가서

섭섭하다

거리를 좁히다

피자를 뜨겁게 덥히다

힘을 합하다

43 좋지

맞히다

젖히다

꽂히다

노랗지

정답을 맞히다

엄마 손을 놓지 마

허리를 뒤로 젖히다

공을 바구니에 넣자

풀잎에 이슬이 맺히다

44 낳아

좋은

넣어

쌓아

놓은

블록을 쌓아

나는 딸기를 좋아한다

무릎에 손을 올려놓은 채

엄마가 머리를 땋아 주신다

고추를 빻아 가루로 만들다

45 주걱

부엌

낚시

닦다

깎다

묶다

볶다

키읔

동녘

서녘

사과를 깎다

자기 전에 이를 닦다

햄과 야채를 볶다

새벽녘에 잠이 깨다

해질녘 아름다운 노을

숟가락

밥솥

젓가락

했다

끝

밑

팥빙수

바깥

옷

숫자

버릇

갔다

같다

붓다

붙다

두꺼운 솥뚜껑

세 살 버릇 여든
간다

엄마와 함께 있다

호두의 단단한 겉
껍질

가족 여행을 갔다
47
돋보기
빗
빛
낮잠

찢다

찾다

꽂다

꽃

돛

불빛

쫓다

황금빛 왕관

노랗게 핀 개나리꽃

폐줄을 맞추다

책을 제자리에 꽂다

분홍빛 저고리를 입다

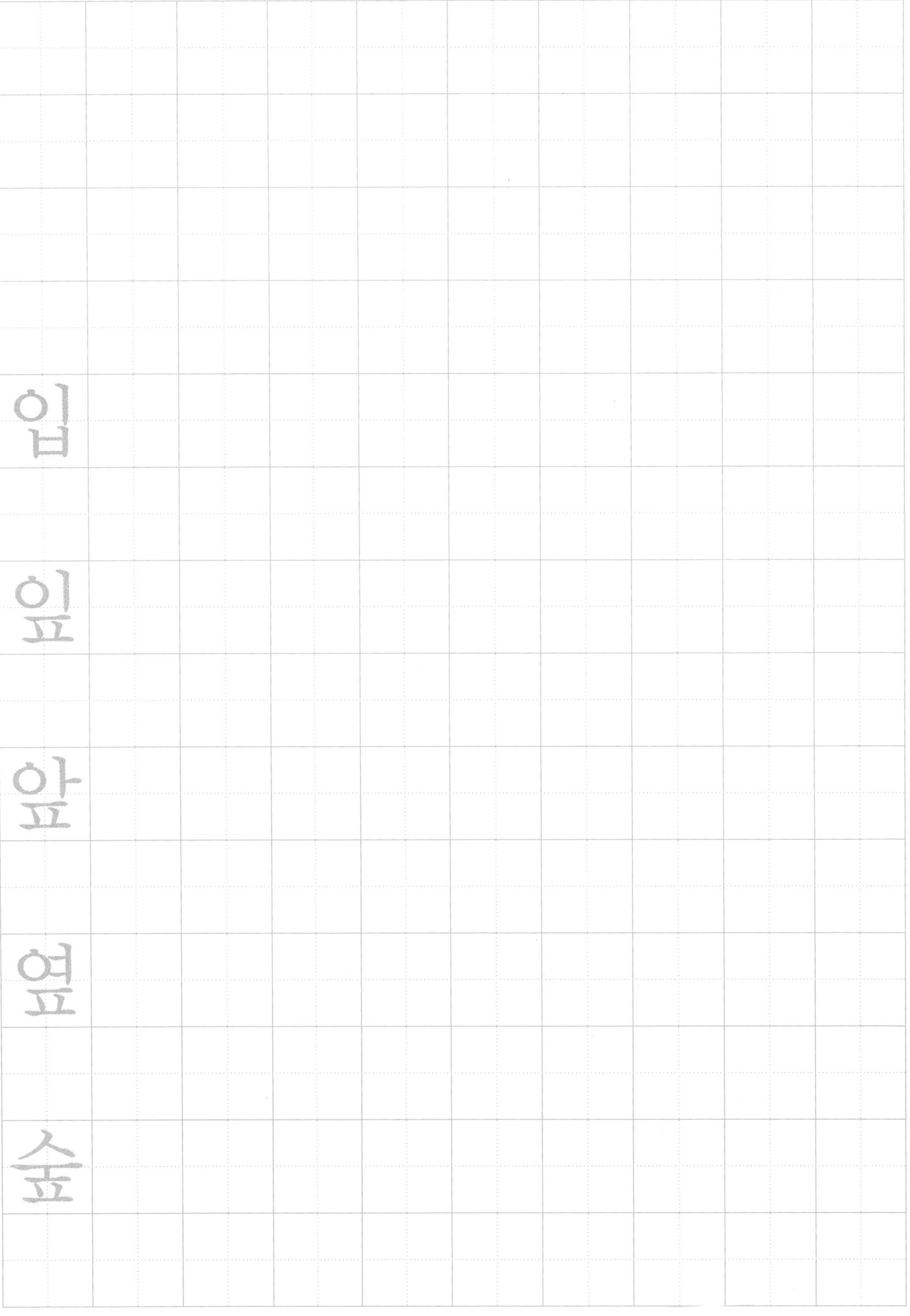
48
입
잎
앞
옆
숲

늪

짚신

신발

네 잎 클로버

앞치마를 두르고

파도가 무릎까지 와요

맨 앞쪽으로 가다
태권도에서 옆차기를
배우다
49 웃어른

겉옷

꽃 아래

옷 안에

꽃 이름

두꺼운 겉옷

팥알이 크다

허허 헛웃음을 웃어요

옷 위에 얼룩이 생기다

50 섞고

꺾다

엮다

신발 끈 묶기

손톱을 깎고

꽃을 꺾지 말자

아빠가 붕어를 낚다

어려움을 겪다

51 돛단배

돛자리

웃다

늦잠

팔고물

숯불

돛단배를 타고 가요

숯불이 활활 타요

돗자리를 펴다

붕어빵 속 팥고물

손으로 꽃받침을 만들다

52 잎사귀

옆자리

옆구리

앞바퀴

숲 속

엎드리다

옆구리를 간질이다

앞장서 가다

땅 짚고 헤엄치기

제비가 은혜를 갚다

헝겊조각으로 만든
인형

53 해돋이

맏이

턱받이

등받이

미닫이

여닫이

해돋이를 보다

등받이에 기대다

나는 우리 집 막이
이다

화분에 물받이를 대
다

곧이곧대로 믿다

54 같이

꽃밭이

똑같이

붙이다

샅샅이

낱낱이

풀로 붙이다

다 같이 놀자

손끝이 시리다

똑같이 생긴 쌍둥이

상자의 안보다 겉이 예쁘다

55 닫히다

갇히다

굳히다

묻히다

걷히다

문이 저절로 닫히다

단단하게 굳히다

꼼짝 못하게 갇히다

옷에 물감을 묻히다

구름이 걷히고 달이 보인다

같이
웃다

또바기와 모도리의

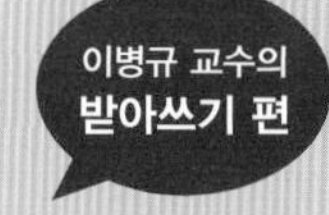

야무진 한글 3

야무진
한글

또바기와 모도리의

이병규 교수의
받아쓰기 편

야무진 한글 ③

정답

함께자람

‘ㅎ 소리’의 변신과 쓰기 마법

40 왜 그럴까요? 거친 소리가 나요(좋다/조타)

1 모도리가 글자를 소리 나는 대로 쓰면 안 된다고 말한 이유를 생각해 봅시다.

나는 우리 집
강아지가 조타
조타
글자를 소리 나는 대로 쓰면 안 돼.

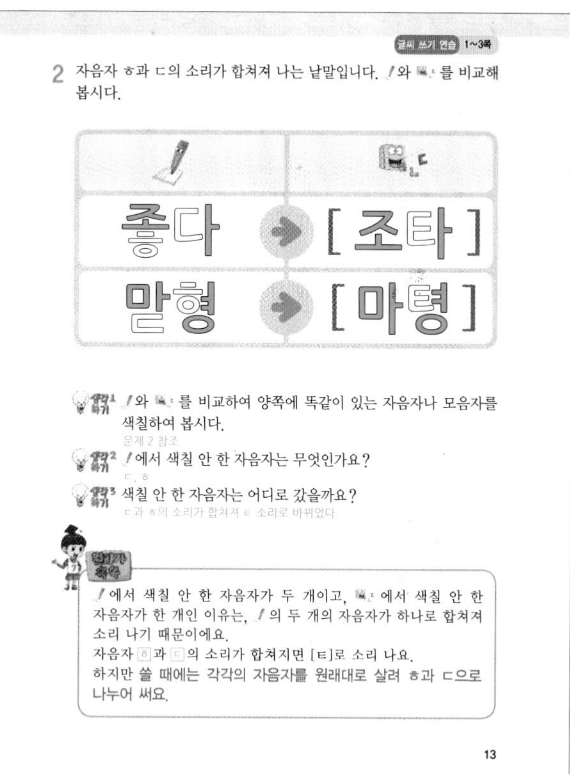
글씨 쓰기 연습 1~3쪽

2 자음자 ㅎ과 ㄷ의 소리가 합쳐져 나는 낱말입니다. 와 를 비교해 봅시다.

좋다	→ [조타]
맏형	→ [마텽]

생각하기1 와 를 비교하여 양쪽에 똑같이 있는 자음자나 모음자를 색칠하여 봅시다.
문제 2 참조

생각하기2 에서 색칠 안 한 자음자는 무엇인가요?
ㄷ, ㅎ

생각하기3 색칠 안 한 자음자는 어디로 갔을까요?
ㄷ과 ㅎ의 소리가 합쳐져 ㅌ 소리로 바뀌었다.

에서 색칠 안 한 자음자가 두 개이고, 에서 색칠 안 한 자음자가 한 개인 이유는, 의 두 개의 자음자가 하나로 합쳐져 소리 나기 때문이에요.
자음자 ㅎ과 ㄷ의 소리가 합쳐지면 [ㅌ]로 소리 나요.
하지만 쓸 때에는 각각의 자음자를 원래대로 살려 ㅎ과 ㄷ으로 나누어 써요.

13

한 걸음, 두 걸음 거친 소리가 나요(좋다/조타)

1 자음자 ㅎ과 ㄷ의 소리가 합쳐져 나는 낱말입니다. 따라 써 봅시다.

좋다	[조타]	좋다 / 좋다
놓다	[노타]	놓다 / 놓다
쌓다	[싸타]	쌓다 / 쌓다
파랗다	[파라타]	파랗다 / 파랗다

14

2 자음자 ㅎ과 ㄷ의 소리가 합쳐져 나는 낱말입니다. 따라 써 봅시다.

깨끗하다	[깨끄타다]	깨끗하다 / 깨끗하다
삐끗하다	[삐끄타다]	삐끗하다 / 삐끗하다
희끗하다	[희끄타다]	희끗하다 / 희끗하다

15

9장 'ㅎ 소리'의 변신과 쓰기 마법

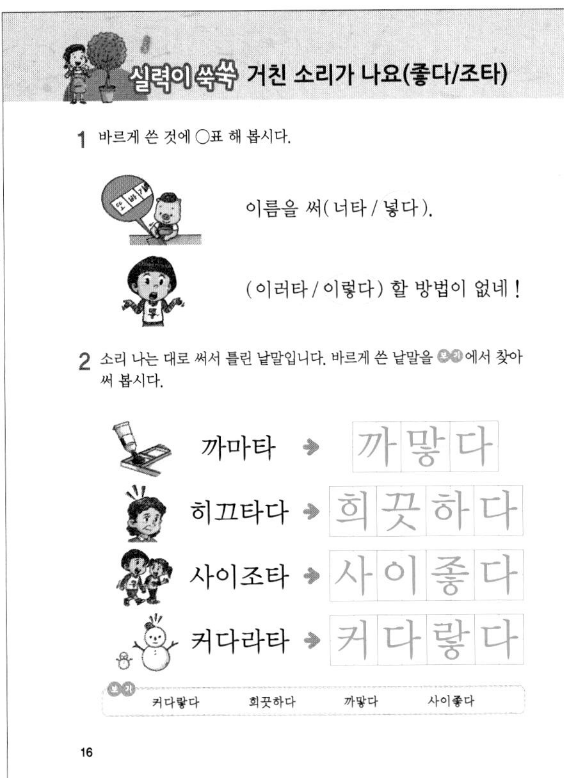

실력이 쑥쑥 거친 소리가 나요(좋다/조타)

1 바르게 쓴 것에 ○표 해 봅시다.

이름을 써(너타 / 넣다).

(이러타 / 이렇다) 할 방법이 없네 !

2 소리 나는 대로 써서 틀린 낱말입니다. 바르게 쓴 낱말을 보기에서 찾아 써 봅시다.

까마타 → 까맣다

히끄타다 → 희끗하다

사이조타 → 사이좋다

커다라타 → 커다랗다

보기: 커다랗다 희끗하다 까맣다 사이좋다

16

3 배운 내용을 생각하며, 틀린 글자를 고쳐 써 봅시다.

기분이 조타.
기분이 좋다.

탑을 싸타가 무너뜨렸어요.
탑을 쌓다가 무너뜨렸어요.

식탁 위에 컵을 노타.
식탁 위에 컵을 놓다.

눈 내린 운동장이 하야타.
눈 내린 운동장이 하얗다.

17

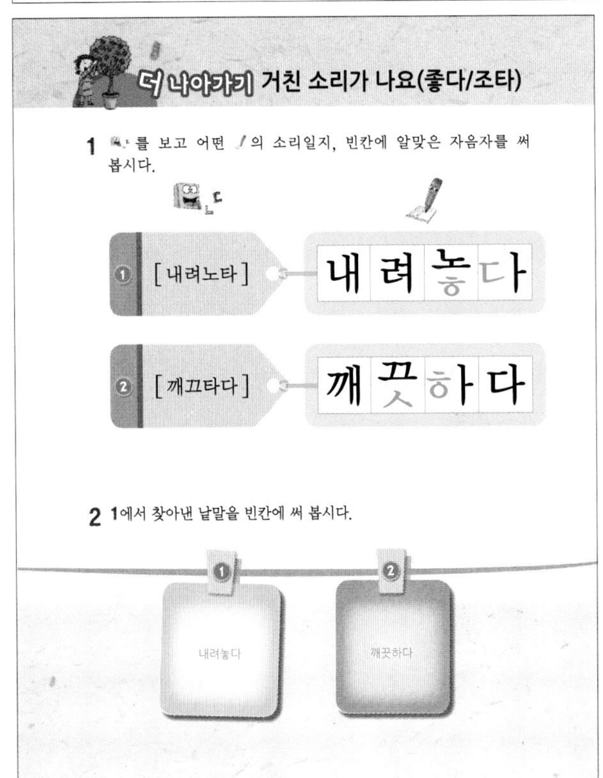

더 나아가기 거친 소리가 나요(좋다/조타)

1 (귀)를 보고 어떤 (연필)의 소리일지, 빈칸에 알맞은 자음자를 써 봅시다.

① [내려노타] → 내려놓다

② [깨끄타다] → 깨끗하다

2 1에서 찾아낸 낱말을 빈칸에 써 봅시다.

① 내려놓다

② 깨끗하다

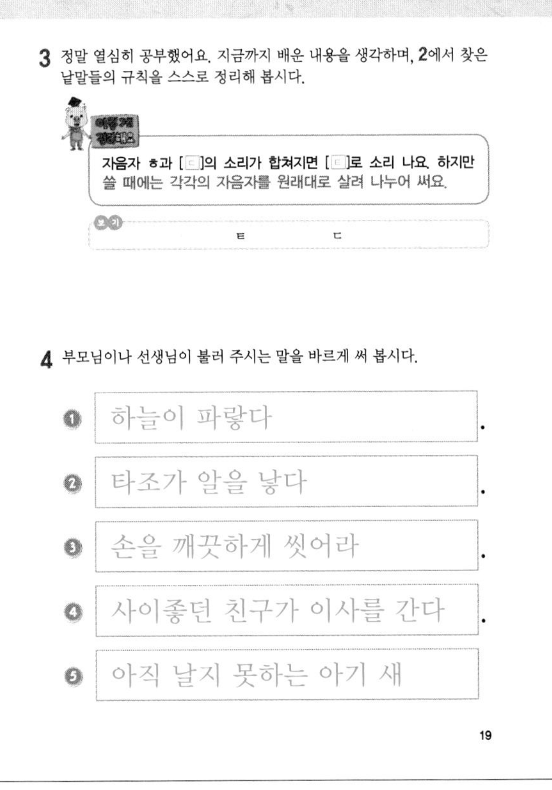

3 정말 열심히 공부했어요. 지금까지 배운 내용을 생각하며, 2에서 찾은 낱말들의 규칙을 스스로 정리해 봅시다.

자음자 ㅎ과 [ㄷ]의 소리가 합쳐지면 [ㅌ]로 소리 나요. 하지만 쓸 때에는 각각의 자음자를 원래대로 살려 나누어 써요.

보기: ㅌ ㄷ

4 부모님이나 선생님이 불러 주시는 말을 바르게 써 봅시다.

① 하늘이 파랗다.

② 타조가 알을 낳다.

③ 손을 깨끗하게 씻어라.

④ 사이좋던 친구가 이사를 간다.

⑤ 아직 날지 못하는 아기 새

19

41 왜 그럴까요? 거친 소리가 나요(좋고/조코)

1 모도리가 마지막에 한 말의 뜻을 생각하며, 만화를 읽어 봅시다.

나는 우리 집 강아지가
좋다.
아이스크림은 더 조코
또바기 일기 쓰는구나? 내가 도와줄까?
'좋고'는 '좋다'에서 나온 말이니까 ㅎ을 살려서 써야 해.

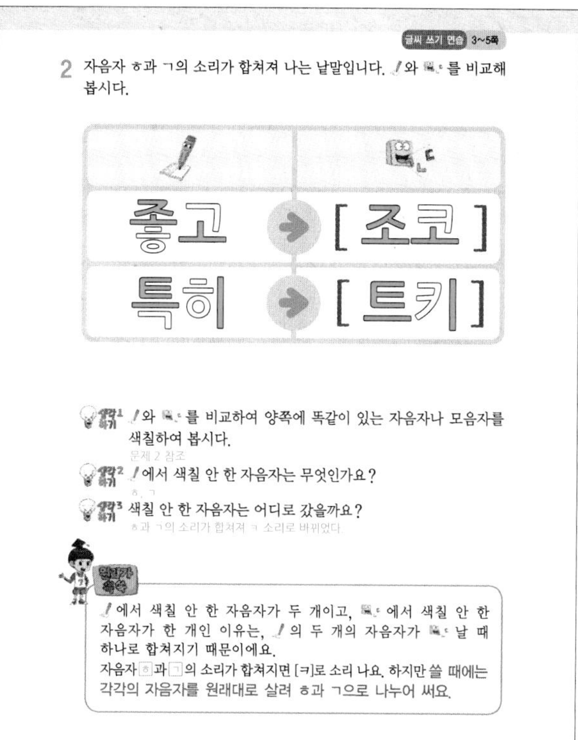

글씨 쓰기 연습 3~5쪽

2 자음자 ㅎ과 ㄱ의 소리가 합쳐져 나는 낱말입니다. 와 를 비교해 봅시다.

좋고	→ [조코]
특히	→ [트키]

생각하기 1 와 를 비교하여 양쪽에 똑같이 있는 자음자나 모음자를 색칠하여 봅시다.
문제 2 참조

생각하기 2 에서 색칠 안 한 자음자는 무엇인가요?
ㅎ, ㄱ

생각하기 3 색칠 안 한 자음자는 어디로 갔을까요?
ㅎ과 ㄱ의 소리가 합쳐져 ㅋ 소리로 바뀌었다.

원리가 쏙쏙

에서 색칠 안 한 자음자가 두 개이고, 에서 색칠 안 한 자음자가 한 개인 이유는, 의 두 개의 자음자가 날 때 하나로 합쳐지기 때문이에요.
자음자 ㅎ과 ㄱ의 소리가 합쳐지면 [ㅋ]로 소리 나요. 하지만 쓸 때에는 각각의 자음자를 원래대로 살려 ㅎ과 ㄱ으로 나누어 써요.

21

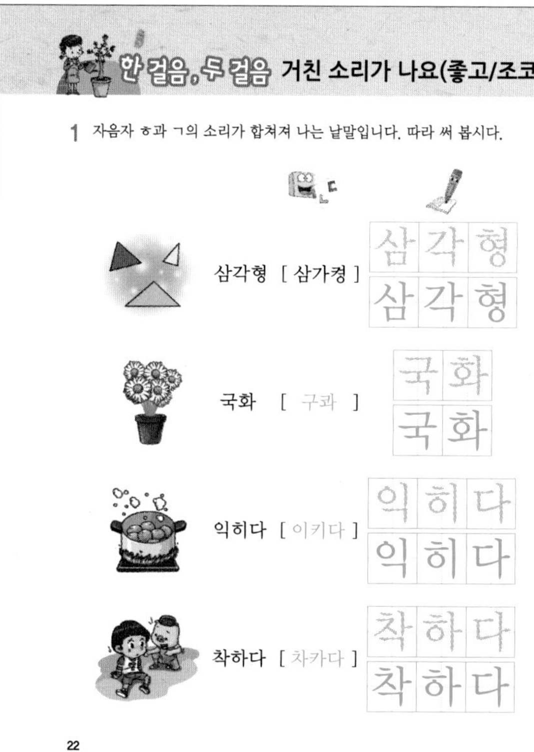

한 걸음, 두 걸음 거친 소리가 나요(좋고/조코)

1 자음자 ㅎ과 ㄱ의 소리가 합쳐져 나는 낱말입니다. 따라 써 봅시다.

삼각형 [삼가켱] 삼각형 삼각형

국화 [구콰] 국화 국화

익히다 [이키다] 익히다 익히다

착하다 [차카다] 착하다 착하다

22

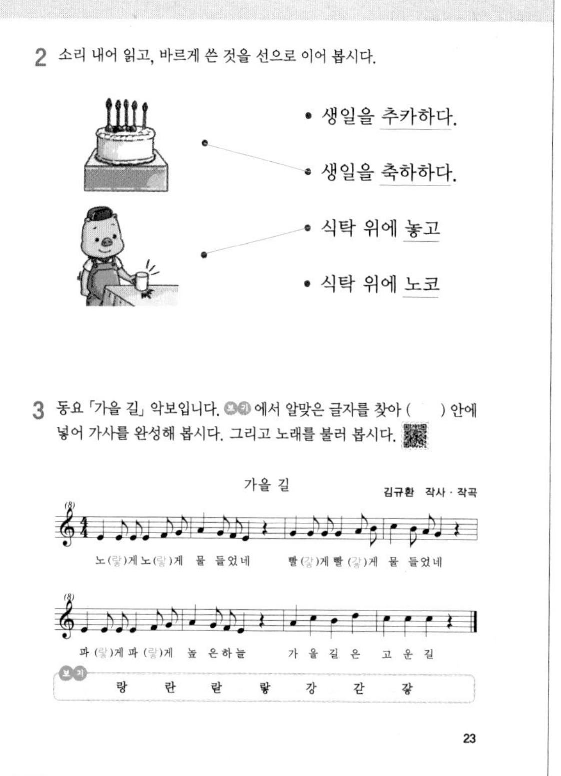

2 소리 내어 읽고, 바르게 쓴 것을 선으로 이어 봅시다.

- 생일을 추카하다.
- 생일을 축하하다.
- 식탁 위에 놓고
- 식탁 위에 노코

3 동요 「가을 길」 악보입니다. 보기 에서 알맞은 글자를 찾아 (   ) 안에 넣어 가사를 완성해 봅시다. 그리고 노래를 불러 봅시다.

가을 길
김규환 작사 · 작곡
노(랗)게 노(랗)게 물 들었네 빨(갛)게 빨(갛)게 물 들었네
파(랗)게 파(랗)게 높 은 하 늘 가 을 길 은 고 운 길

보기 랑 란 랄 랗 강 간 갛

23

9장 'ㅎ 소리'의 변신과 쓰기 마법

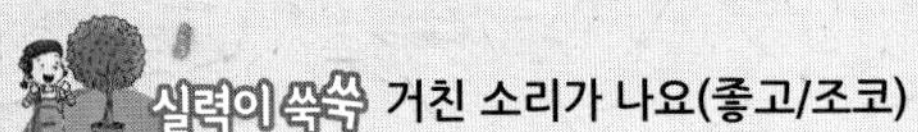

거친 소리가 나요(좋고/조코)

1 배운 내용을 생각하며, 틀린 글자를 고쳐 써 봅시다.

구콰 향기
국화 향기

넉너칸 한가위
넉넉한 한가위

오리가 알을 나코
오리가 알을 낳고

곰곰이 생가카다.
곰곰이 생각하다.

24

2 글을 읽고, 틀린 부분에 ○표 해 봅시다.

배고픈 또바기가 감자를 먹고 싶어해요. 엄마가 냄비 안을 보며 말씀하셨어요.
"아직 더 이켜야 돼."
그러자 또바기는 냉장고를 열어 봤어요.

빨간 사과가 있네요. 사과를 꺼내 쟁반에 노코 말했어요.
"엄마, 그럼 사과 깎아 주세요."

3 2에서 ○표 한 낱말이 들어 있는 문장을 바르게 고쳐 써 봅시다.

① 아직 더 익혀야 돼.
② 쟁반에 놓고 말했어요.

25

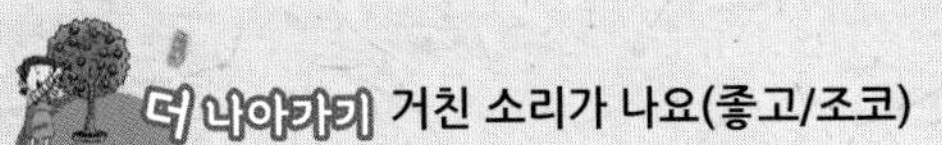

거친 소리가 나요(좋고/조코)

1 를 보고 어떤 의 소리일지, 빈칸에 알맞은 자음자를 써 봅시다.

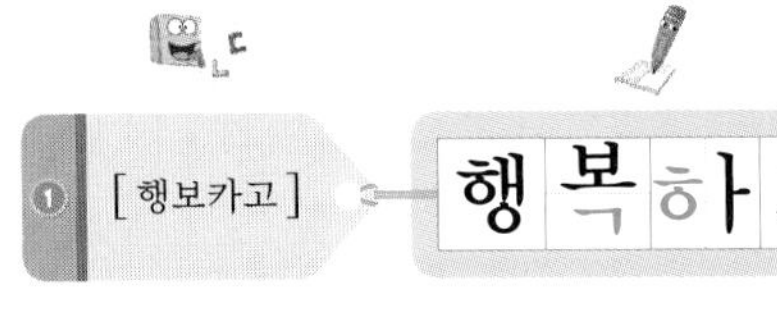

① [행보카고] — 행복하고
② [싸키나무] — 쌓기나무

2 1에서 찾아낸 낱말을 빈칸에 써 봅시다.

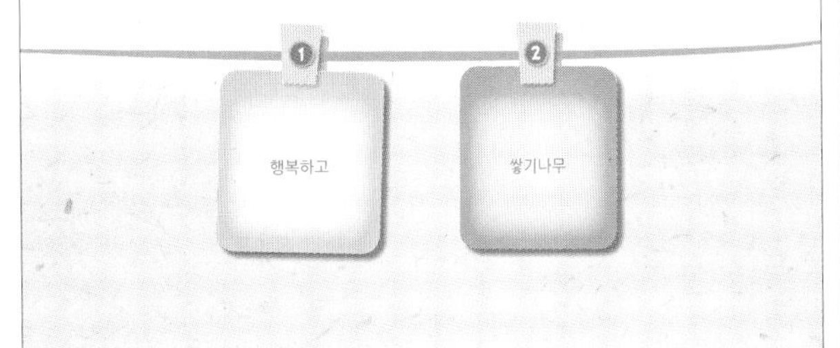

3 정말 열심히 공부했어요. 지금까지 배운 내용을 생각하며, 2에서 찾은 낱말들의 규칙을 스스로 정리해 봅시다.

자음자 ㅎ과 ㄱ의 소리가 합쳐지면 [ㅋ]로 소리 나요. 하지만 쓸 때에는 각각의 자음자를 원래대로 살려 ㅎ과 ㄱ으로 나누어 써요.

ㅋ ㄱ

4 부모님이나 선생님이 불러 주시는 말을 바르게 써 봅시다.

① 마음씨가 착하다.
② 낙하산을 펴다.
③ 뜨거운 물을 식히다.
④ 기분이 좋고 신난다.
⑤ 계란을 넣고 밥을 비빈다.

27

42 왜 그럴까요? 거친 소리가 나요(급히/그피)

1 만화를 읽고, 모도리가 깜짝 놀란 이유를 생각해 봅시다.

또바기야, 심심하지? 나 조금 있으면 집에 도착해.
얼른 와, 나 아파.
괜찮아? 어디가 아파?
피를 먹었다고?
모도리야, 그피 먹다가 체했어.
?!

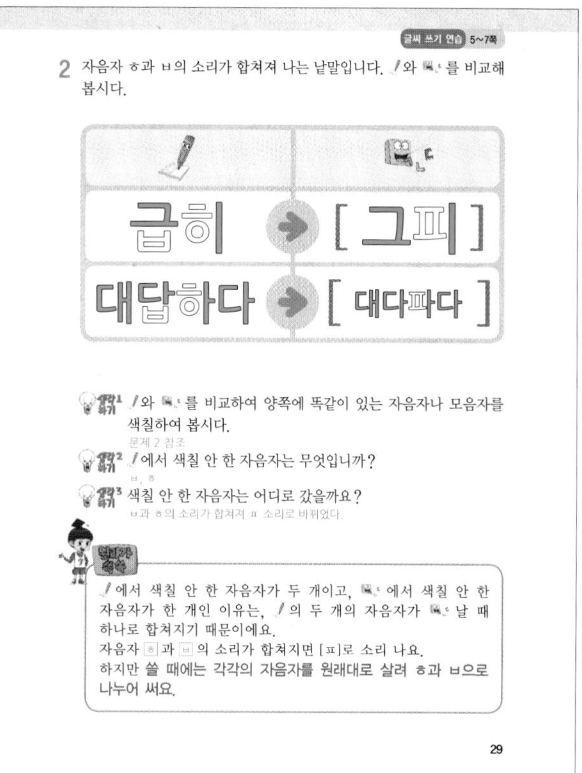

글씨 쓰기 연습 5~7쪽

2 자음자 ㅎ과 ㅂ의 소리가 합쳐져 나는 낱말입니다. 와 를 비교해 봅시다.

급히	[그피]
대답하다	[대다파다]

생각하기1 와 를 비교하여 양쪽에 똑같이 있는 자음자나 모음자를 색칠하여 봅시다.

문제 2 참조

생각하기2 에서 색칠 안 한 자음자는 무엇입니까?

ㅂ, ㅎ

생각하기3 색칠 안 한 자음자는 어디로 갔을까요?

ㅂ과 ㅎ의 소리가 합쳐져 ㅍ 소리로 바뀌었다.

에서 색칠 안 한 자음자가 두 개이고, 에서 색칠 안 한 자음자가 한 개인 이유는, 의 두 개의 자음자가 날 때 하나로 합쳐지기 때문이에요.
자음자 ㅎ과 ㅂ의 소리가 합쳐지면 [ㅍ]로 소리 나요.
하지만 쓸 때에는 각각의 자음자를 원래대로 살려 ㅎ과 ㅂ으로 나누어 써요.

29

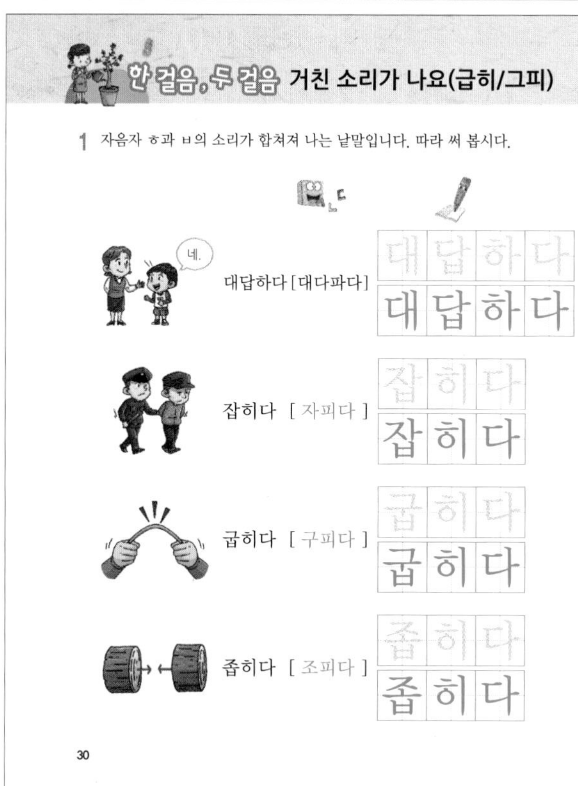

한 걸음, 두 걸음 거친 소리가 나요(급히/그피)

1 자음자 ㅎ과 ㅂ의 소리가 합쳐져 나는 낱말입니다. 따라 써 봅시다.

대답하다 [대다파다] — 대답하다 / 대답하다

잡히다 [자피다] — 잡히다 / 잡히다

굽히다 [구피다] — 굽히다 / 굽히다

좁히다 [조피다] — 좁히다 / 좁히다

30

2 그림에 알맞은 문장이 되도록 보기에서 찾아 빈칸을 채워 봅시다.

또바기가 인형 옷을 입히 고 있어요.

↓

옷이 작아 갑갑하다.

보기 가까파다 갑가파다 갑갑하다 입히 이피

31

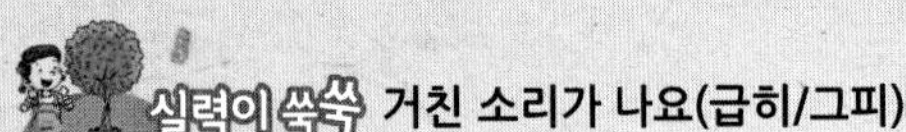

1 배운 내용을 생각하며, 틀린 글자를 빈칸에 바르게 고쳐 써 봅시다.

허리를 구펴 인사한다.
허리를 굽혀 인사한다.

그파게 먹다가
급하게 먹다가

체해서 가슴이 답따패.
체해서 가슴이 답답해.

도둑이 자피다.
도둑이 잡히다.

32

2 틀린 문장을 보기처럼 바르게 고쳐 써 봅시다. 그리고 완성된 문장을 소리 내어 읽어 봅시다.

보기

그피 몸을 피하다.
급히 몸을 피하다.

큰 소리로 대다파다.
큰 소리로 대답하다.

팔 구펴 펴기를 한다.
팔 굽혀 펴기를 한다.

엄마가 아기를 침대에 누피다.
엄마가 아기를 침대에 눕히다.

33

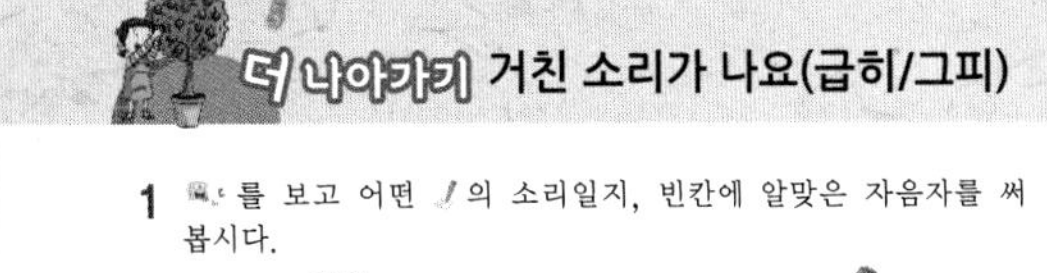

1 보기를 보고 어떤 ㅂ의 소리일지, 빈칸에 알맞은 자음자를 써 봅시다.

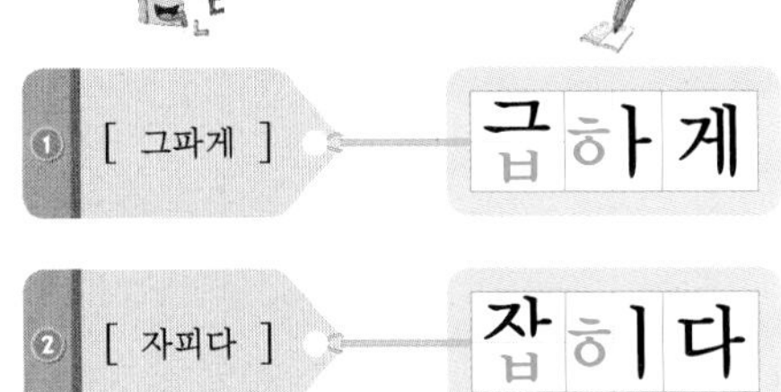
① [그파게] — 급하게
② [자피다] — 잡히다

2 1에서 찾아낸 낱말을 바르게 써 봅시다.

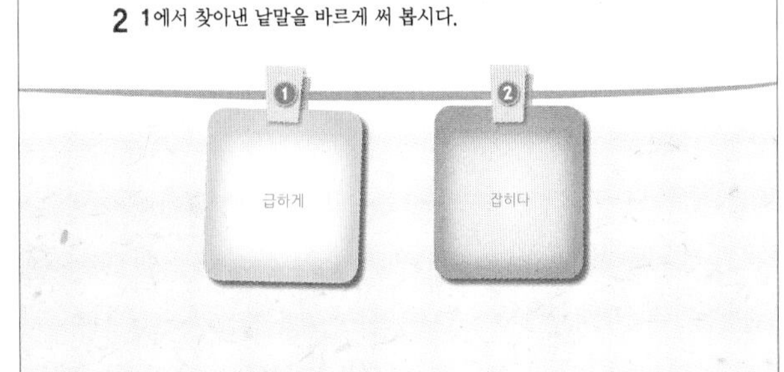

3 정말 열심히 공부했어요. 지금까지 배운 내용을 생각하며, 2에서 찾은 낱말들의 규칙을 스스로 정리해 봅시다.

자음자 ㅎ과 ㅂ의 소리가 합쳐지면 [ㅍ]로 소리 나요. 하지만 쓸 때에는 각각의 자음자를 원래대로 살려 ㅎ과 ㅂ으로 나누어 써요.

보기: ㅍ ㅂ

4 부모님이나 선생님이 불러 주시는 말을 바르게 써 봅시다.

① 술래가 잡히다.
② 친구가 이사 가서 섭섭하다.
③ 거리를 좁히다.
④ 피자를 뜨겁게 덥히다.
⑤ 힘을 합하다.

35

43 왜 그럴까요? 거친 소리가 나요(좋지/조치)

1 모도리가 마지막에 한 말의 뜻을 생각하며, 만화를 읽어 봅시다.

내가 좋아하는 것을 오늘은 꼭 제대로 써야지!
나는 우리 집 강아지가
좋다.
아이스크림도 좋고
모도리가 가장 조치!
하하. 나도 네가 좋아. 그런데…….
'좋지'도 '좋다'에서 나온 말이니까 ㅎ을 살려서 써야 해.

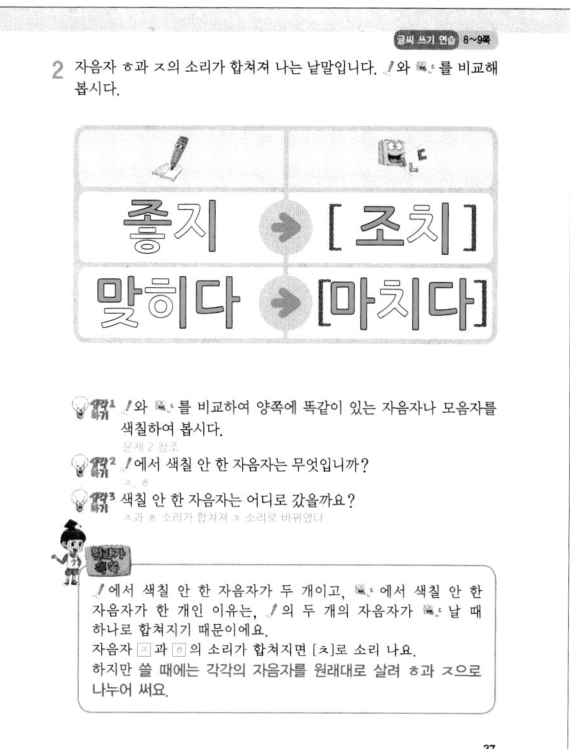

글씨 쓰기 연습 8~9쪽

2 자음자 ㅎ과 ㅈ의 소리가 합쳐져 나는 낱말입니다. 와 를 비교해 봅시다.

좋지	→ [조치]
맞히다	→ [마치다]

생각하기 1 와 를 비교하여 양쪽에 똑같이 있는 자음자나 모음자를 색칠하여 봅시다.
문제 2 참조

생각하기 2 에서 색칠 안 한 자음자는 무엇입니까?
ㅈ, ㅎ

생각하기 3 색칠 안 한 자음자는 어디로 갔을까요?
ㅈ과 ㅎ 소리가 합쳐져 ㅊ 소리로 바뀌었다.

원리가 쏙쏙

에서 색칠 안 한 자음자가 두 개이고, 에서 색칠 안 한 자음자가 한 개인 이유는, 의 두 개의 자음자가 날 때 하나로 합쳐지기 때문이에요.
자음자 ㅈ과 ㅎ의 소리가 합쳐지면 [ㅊ]로 소리 나요.
하지만 쓸 때에는 각각의 자음자를 원래대로 살려 ㅎ과 ㅈ으로 나누어 써요.

37

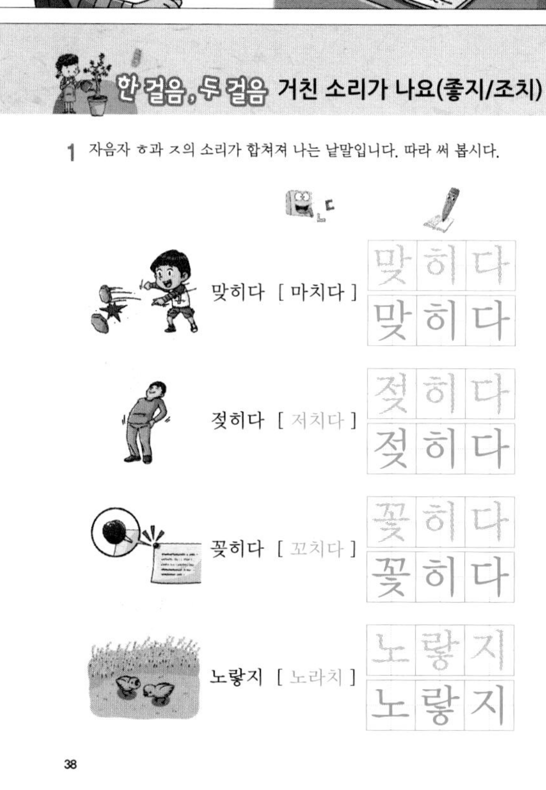

한 걸음, 두 걸음 거친 소리가 나요(좋지/조치)

1 자음자 ㅎ과 ㅈ의 소리가 합쳐져 나는 낱말입니다. 따라 써 봅시다.

맞히다 [마치다] 맞히다 맞히다

젖히다 [저치다] 젖히다 젖히다

꽂히다 [꼬치다] 꽂히다 꽂히다

노랗지 [노라치] 노랗지 노랗지

38

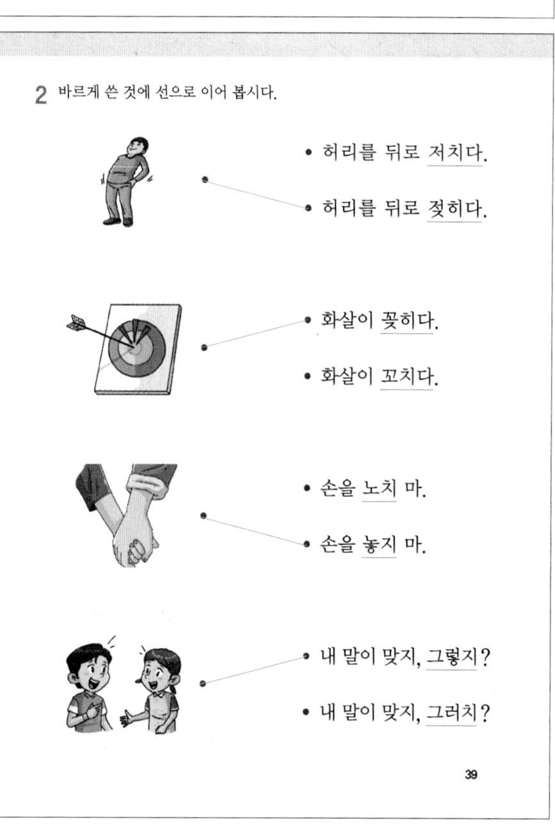

2 바르게 쓴 것에 선으로 이어 봅시다.

- 허리를 뒤로 저치다.
- 허리를 뒤로 젖히다.

- 화살이 꽂히다.
- 화살이 꼬치다.

- 손을 노치 마.
- 손을 놓지 마.

- 내 말이 맞지, 그렇지?
- 내 말이 맞지, 그러치?

39

9장 'ㅎ 소리'의 변신과 쓰기 마법

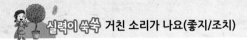

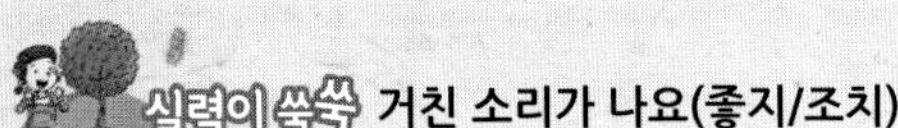

실력이 쑥쑥 거친 소리가 나요(좋지/조치)

1 배운 내용을 생각하며, 틀린 글자를 바르게 고쳐 써 봅시다.

공을 던져 마치다.
공을 던져 맞히다.

신나고 조치!
신나고 좋지!

손에 다치 않게 올려두다.
손에 닿지 않게 올려두다.

장난감을 늘어노치 마라.
장난감을 늘어놓지 마라.

2 또바기의 일기를 읽고, 틀린 부분을 찾아 ○표 해 봅시다.

20xx년 x월 x일 x요일 날씨:

오늘은 엄마가 화가 나셨어요. 내가 장난감을 안 치웠기 때문이에요.
"여기저기 늘어노치 않을게요."
또 내가 받아쓰기에서 빵점을 맞았기 때문이에요.
"한 문제라도 마치고 싶었는데……"
"이젠 장난감도 잘 치우고 받아쓰기도 열심히 할게요."
나의 말에 엄마의 얼굴이 다시 웃는 얼굴로 돌아왔어요.

3 2에서 ○표 한 낱말이 들어 있는 문장을 바르게 고쳐 써 봅시다.

① 여기저기 늘어놓지 않을게요.
② 한 문제라도 맞히고 싶었는데.

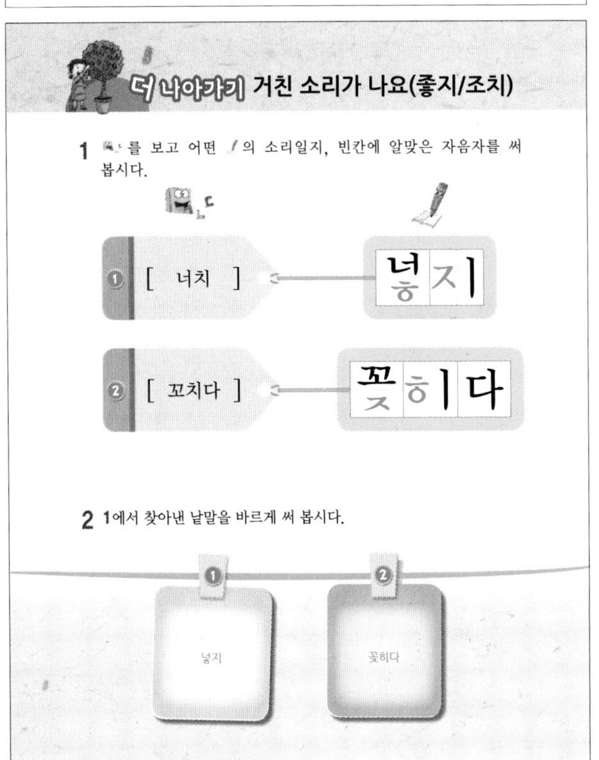

더 나아가기 거친 소리가 나요(좋지/조치)
1 를 보고 어떤 의 소리일지, 빈칸에 알맞은 자음자를 써 봅시다.
① [너치] 넣지
② [꼬치다] 꽂히다
2 1에서 찾아낸 낱말을 바르게 써 봅시다.
① 넣지
② 꽂히다

3 정말 열심히 공부했어요. 지금까지 배운 내용을 생각하며, 2에서 찾은 낱말들의 규칙을 스스로 정리해 봅시다.

자음자 ㅎ과 ㅈ의 소리가 합쳐지면 ㅊ로 소리 나요. 하지만 쓸 때에는 각각의 자음자를 원래대로 살려 ㅎ과 ㅈ으로 나누어 써요.

보기: ㅊ ㅈ

4 부모님이나 선생님이 불러 주시는 말을 바르게 써 봅시다.

① 정답을 맞히다.
② 엄마 손을 놓지 마.
③ 허리를 뒤로 젖히다.
④ 공을 바구니에 넣자.
⑤ 풀잎에 이슬이 맺히다.

44 왜 그럴까요? ㅎ 소리가 사라져요(낳아/나아)

1 만화를 읽고, 또바기와 모도리의 생각이 다른 이유를 말해 봅시다.

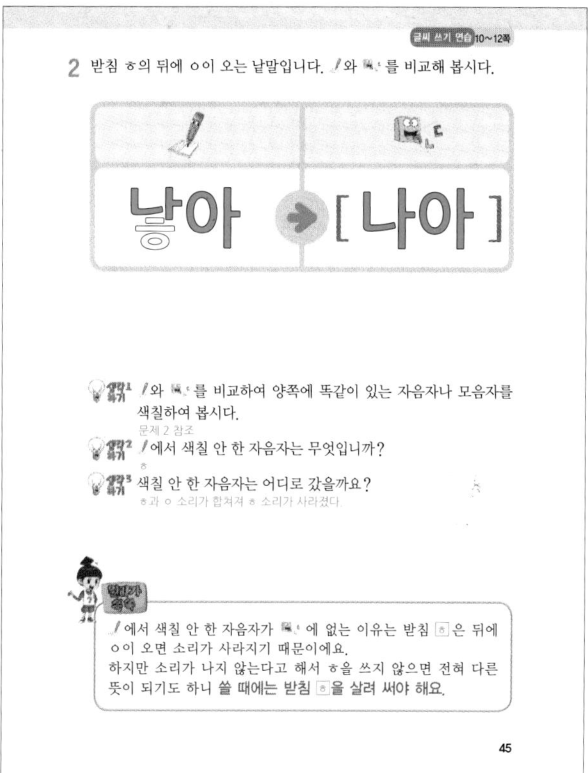
글씨 쓰기 연습 10~12쪽

2 받침 ㅎ의 뒤에 ㅇ이 오는 낱말입니다. 와 를 비교해 봅시다.

낳아	[나아]

생각1 와 를 비교하여 양쪽에 똑같이 있는 자음자나 모음자를 색칠하여 봅시다.
문제 2 참조

생각2 에서 색칠 안 한 자음자는 무엇입니까?
ㅎ

생각3 색칠 안 한 자음자는 어디로 갔을까요?
ㅎ과 ㅇ 소리가 합쳐져 ㅎ 소리가 사라졌다.

에서 색칠 안 한 자음자가 에 없는 이유는 받침 ㅎ은 뒤에 ㅇ이 오면 소리가 사라지기 때문이에요.
하지만 소리가 나지 않는다고 해서 ㅎ을 쓰지 않으면 전혀 다른 뜻이 되기도 하니 쓸 때에는 받침 ㅎ을 살려 써야 해요.

45

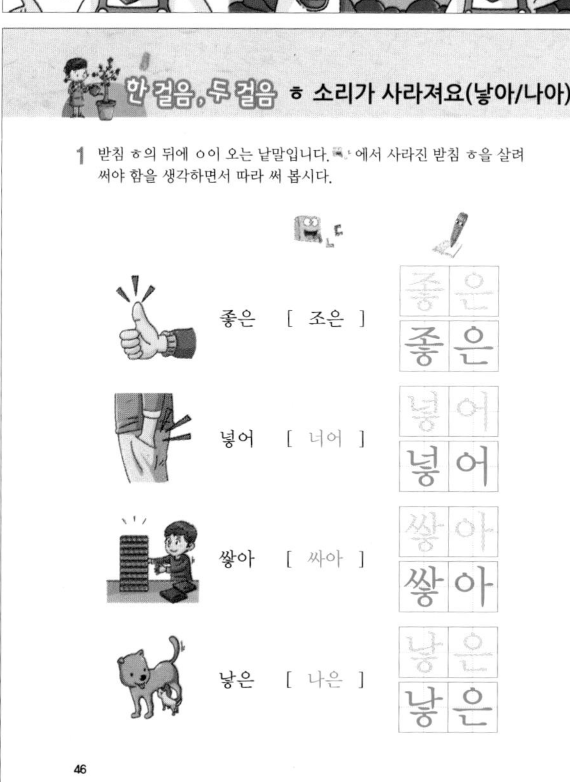
한걸음, 두걸음 ㅎ 소리가 사라져요(낳아/나아)

1 받침 ㅎ의 뒤에 ㅇ이 오는 낱말입니다. 에서 사라진 받침 ㅎ을 살려 써야 함을 생각하면서 따라 써 봅시다.

좋은	[조은]	좋은 / 좋은
넣어	[너어]	넣어 / 넣어
쌓아	[싸아]	쌓아 / 쌓아
낳은	[나은]	낳은 / 낳은

46

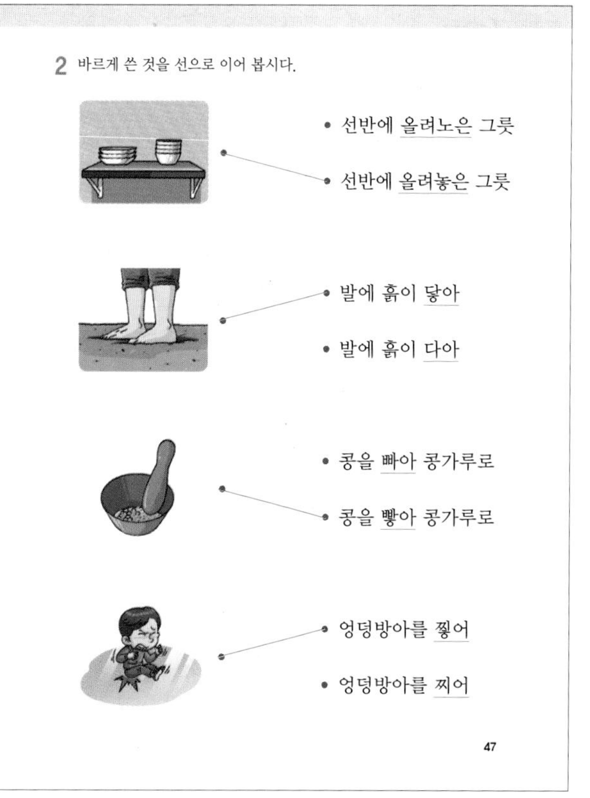
2 바르게 쓴 것을 선으로 이어 봅시다.

- 선반에 올려노은 그릇
- 선반에 올려놓은 그릇

- 발에 흙이 닿아
- 발에 흙이 다아

- 콩을 빠아 콩가루로
- 콩을 빻아 콩가루로

- 엉덩방아를 찧어
- 엉덩방아를 찌어

47

9장 'ㅎ 소리'의 변신과 쓰기 마법

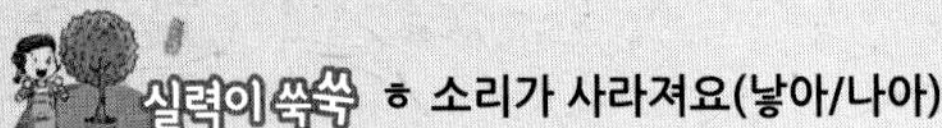

실력이 쑥쑥 ㅎ 소리가 사라져요(낳아/나아)

1 배운 내용을 생각하며, 틀린 글자를 빈칸에 바르게 고쳐 써 봅시다.

조은 냄새가 솔솔
좋은 냄새가 솔솔

하얗게 싸인 눈
하얗게 쌓인 눈

가방에 책을 너어
가방에 책을 넣어

돌부리에 발을 찌어
돌부리에 발을 찧어

2 또바기의 일기를 읽고, 틀린 부분을 찾아 ○표 해 봅시다.

20xx년 x월 x일 x요일 날씨:
엄마랑 버스를 탔어요.
버스를 탈 때부터, 오늘은 성공할 수 있을지 가슴이 두근거렸어요.
드디어 버스 손잡이에 손이 다아요! 조아서 소리쳤어요.
"엄마! 키가 컸어요!"

3 2에서 ○표 한 낱말이 들어 있는 문장을 바르게 고쳐 써 봅시다.

❶ 버스 손잡이에 손이 닿아요.
❷ 좋아서 소리쳤어요.

더 나아가기 ㅎ 소리가 사라져요(낳아/나아)

1 그림에 알맞은 문장이 되도록 보기에서 찾아 빈칸을 채워 봅시다.

닭이 알을 낳아 기뻐요.

엄마가 절구에 마늘을 찧어요.

보기: 찌어 찧어 낳아 나아 너어 넣어

2 정말 열심히 공부했어요. 지금까지 배운 내용을 생각하며, 1에서 찾은 낱말들의 규칙을 스스로 정리해 봅시다.

받침 ㅎ은 뒤에 ㅇ이 오면 소리가 사라져요. 하지만 소리가 나지 않는다고 해서 ㅎ을 쓰지 않으면 전혀 다른 뜻이 되기도 하니 쓸 때에는 받침 ㅎ을 (살려) 써야 해요.

보기: 살려 ㅇ ㅎ

3 부모님이나 선생님이 불러 주시는 말을 바르게 써 봅시다.

❶ 블록을 쌓아
❷ 나는 딸기를 좋아한다.
❸ 무릎에 손을 올려놓은 채
❹ 엄마가 머리를 땋아 주신다.
❺ 고추를 빻아 가루로 만들다.

'받침소리'의 변신과 쓰기 마법 1

45 왜 그럴까요? ㄲ, ㅋ받침이 ㄱ로 소리 나요 (부엌/부억)

1 또바기가 궁금해하는 받침 글자가 무엇인지 생각해 봅시다.

푸하하! 저기 글자가 틀렸네?
어떤 글자?
장난감 대여!
이제 빌려서 가지고 노세요.
낚시 장난감
자동차
인형
'낙시'인데 '낚시'라고 쓰여 있잖아. 받침에 ㄱ을 두 개나 썼어.
맞게 쓴거야. 받침 글자들 중에는 [ㄱ]로 소리 나지만 ㄱ이 아닌 것들이 있어.
어떤 글자들인데?

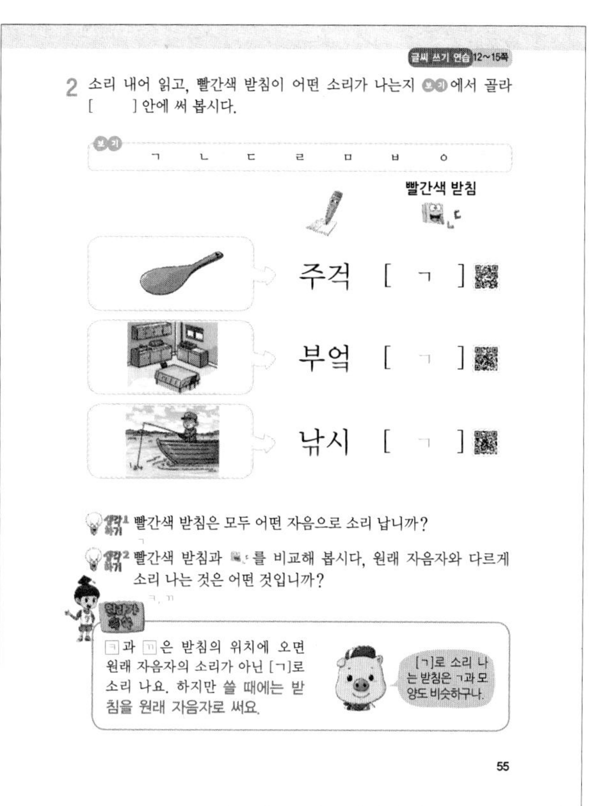
글씨 쓰기 연습 12~15쪽

2 소리 내어 읽고, 빨간색 받침이 어떤 소리가 나는지 보기에서 골라 [ ] 안에 써 봅시다.

보기: ㄱ ㄴ ㄷ ㄹ ㅁ ㅂ ㅇ

빨간색 받침

주걱 [ㄱ]

부엌 [ㄱ]

낚시 [ㄱ]

생각하기 1 빨간색 받침은 모두 어떤 자음으로 소리 납니까?

생각하기 2 빨간색 받침과 를 비교해 봅시다. 원래 자음자와 다르게 소리 나는 것은 어떤 것입니까?

ㅋ과 ㄲ은 받침의 위치에 오면 원래 자음자의 소리가 아닌 [ㄱ]로 소리 나요. 하지만 쓸 때에는 받침을 원래 자음자로 써요.

[ㄱ]로 소리 나는 받침은 ㄱ과 모양도 비슷하구나.

55

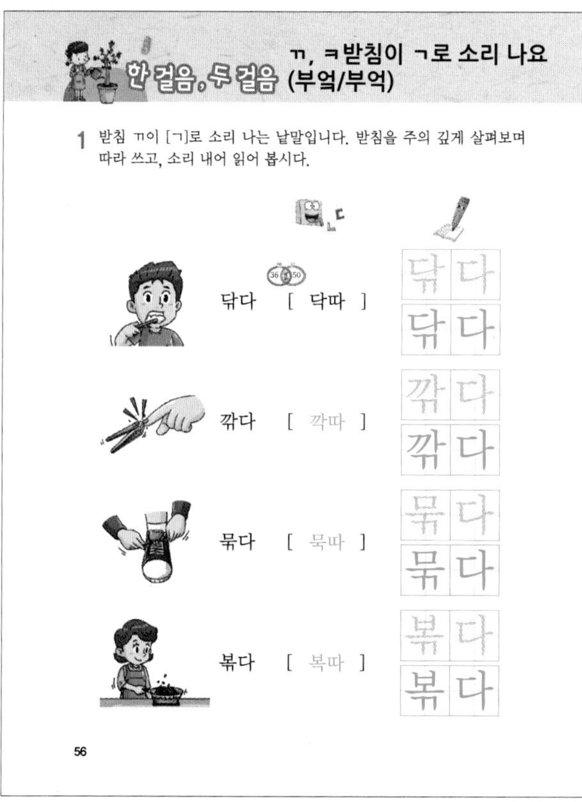
한 걸음, 두 걸음 ㄲ, ㅋ받침이 ㄱ로 소리 나요 (부엌/부억)

1 받침 ㄲ이 [ㄱ]로 소리 나는 낱말입니다. 받침을 주의 깊게 살펴보며 따라 쓰고, 소리 내어 읽어 봅시다.

닦다 [닥따] 닦다 닦다

깎다 [깍따] 깎다 깎다

묶다 [묵따] 묶다 묶다

볶다 [복따] 볶다 볶다

56

2 받침 ㅋ이 [ㄱ]로 소리 나는 낱말입니다. 받침을 주의 깊게 살펴보며 따라 쓰고, 소리 내어 읽어 봅시다.

부엌 [부억] 부엌 부엌

키읔 [키윽] 키읔 키읔

동녘 [동녁] 동녘 동녘

서녘 [서녁] 서녘 서녘

57

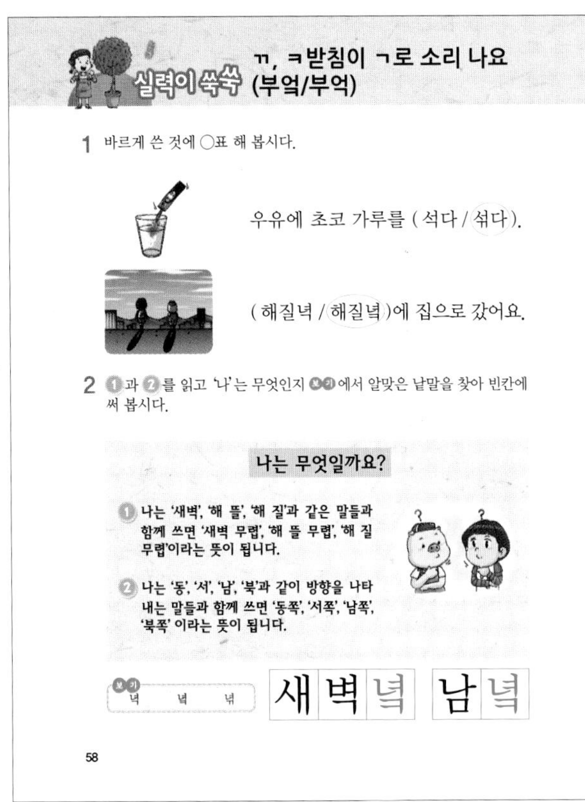
실력이 쑥쑥 ㄲ, ㅋ받침이 ㄱ로 소리 나요 (부엌/부억)

1 바르게 쓴 것에 ○표 해 봅시다.

우유에 초코 가루를 (석다 / 섞다).

(해질녁 / 해질녘)에 집으로 갔어요.

2 ①과 ②를 읽고 '나'는 무엇인지 보기에서 알맞은 낱말을 찾아 빈칸에 써 봅시다.

나는 무엇일까요?

① 나는 '새벽', '해 뜰', '해 질'과 같은 말들과 함께 쓰면 '새벽 무렵', '해 뜰 무렵', '해 질 무렵'이라는 뜻이 됩니다.

② 나는 '동', '서', '남', '북'과 같이 방향을 나타내는 말들과 함께 쓰면 '동쪽', '서쪽', '남쪽', '북쪽' 이라는 뜻이 됩니다.

보기 녁 녘 녂

새벽녘 남녘

58

3 배운 내용을 생각하며, 틀린 글자를 바르게 고쳐 써 봅시다.

안과 박
안과 밖

부억에서 냄새가 솔솔
부엌에서 냄새가 솔솔

신발 끈을 세게 묵다.
신발 끈을 세게 묶다.

교실 안팍
교실 안팎

59

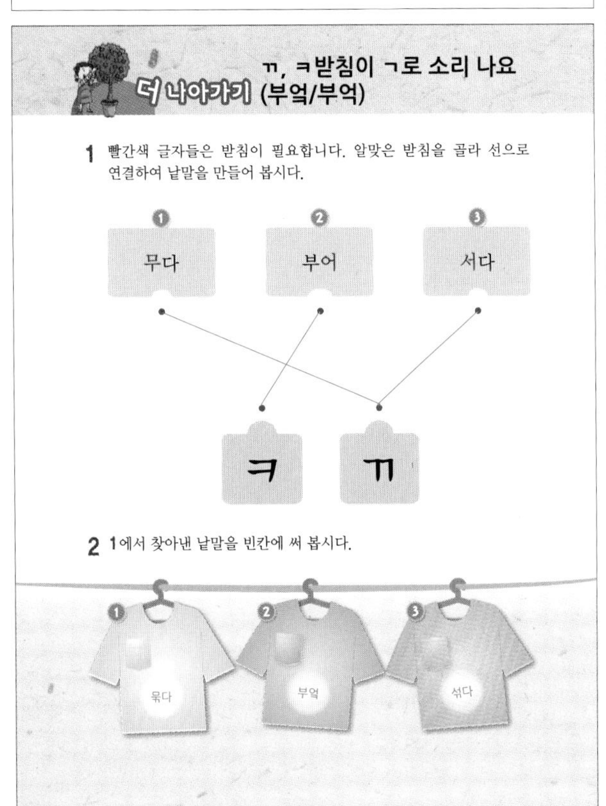
더 나아가기 ㄲ, ㅋ받침이 ㄱ로 소리 나요 (부엌/부억)

1 빨간색 글자들은 받침이 필요합니다. 알맞은 받침을 골라 선으로 연결하여 낱말을 만들어 봅시다.

① 무다 ② 부어 ③ 서다

ㅋ ㄲ

2 1에서 찾아낸 낱말을 빈칸에 써 봅시다.

① 묶다 ② 부엌 ③ 섞다

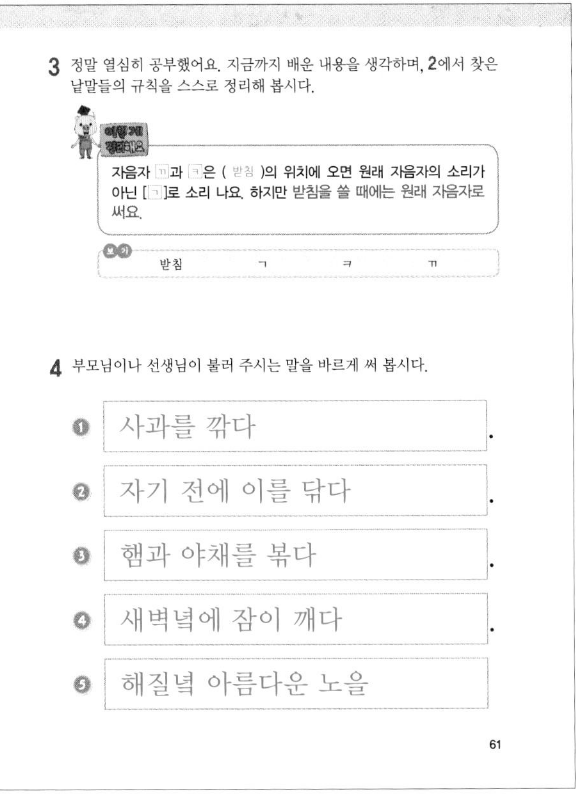
3 정말 열심히 공부했어요. 지금까지 배운 내용을 생각하며, 2에서 찾은 낱말들의 규칙을 스스로 정리해 봅시다.

이렇게 정리해요

자음자 ㄲ과 ㅋ은 (받침)의 위치에 오면 원래 자음자의 소리가 아닌 [ㄱ]로 소리 나요. 하지만 받침을 쓸 때에는 원래 자음자로 써요.

보기 받침 ㄱ ㅋ ㄲ

4 부모님이나 선생님이 불러 주시는 말을 바르게 써 봅시다.

① 사과를 깎다.
② 자기 전에 이를 닦다.
③ 햄과 야채를 볶다.
④ 새벽녘에 잠이 깨다.
⑤ 해질녘 아름다운 노을

61

46 왜 그럴까요? ㅌ, ㅅ, ㅆ받침이 ㄷ로 소리 나요 (옷/옫)

1 또바기가 틀리게 쓴 글자가 무엇인지 찾아봅시다.

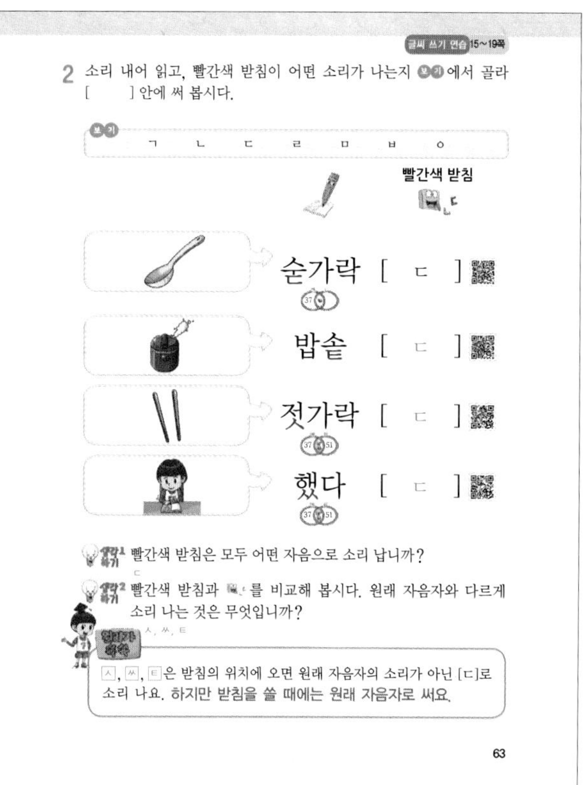

글씨 쓰기 연습 15~19쪽

2 소리 내어 읽고, 빨간색 받침이 어떤 소리가 나는지 보기에서 골라 [ ] 안에 써 봅시다.

보기 ㄱ ㄴ ㄷ ㄹ ㅁ ㅂ ㅇ

빨간색 받침

숟가락 [ㄷ]

밥솥 [ㄷ]

젓가락 [ㄷ]

했다 [ㄷ]

생각하기 1 빨간색 받침은 모두 어떤 자음으로 소리 납니까? ㄷ

생각하기 2 빨간색 받침과 를 비교해 봅시다. 원래 자음자와 다르게 소리 나는 것은 무엇입니까? ㅅ, ㅆ, ㅌ

ㅅ, ㅆ, ㅌ은 받침의 위치에 오면 원래 자음자의 소리가 아닌 [ㄷ]로 소리 나요. 하지만 받침을 쓸 때에는 원래 자음자로 써요.

63

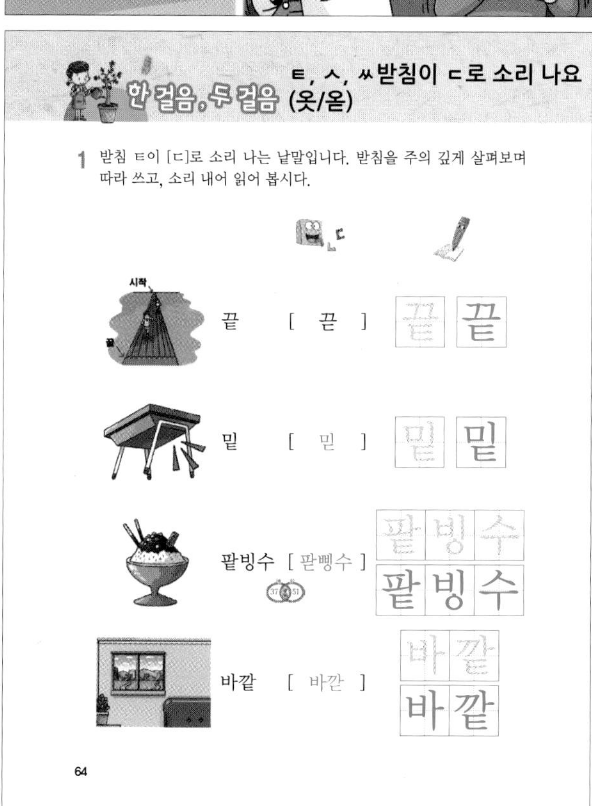

한 걸음, 두 걸음 ㅌ, ㅅ, ㅆ받침이 ㄷ로 소리 나요 (옷/옫)

1 받침 ㅌ이 [ㄷ]로 소리 나는 낱말입니다. 받침을 주의 깊게 살펴보며 따라 쓰고, 소리 내어 읽어 봅시다.

끝 [끋] 끝 끝

밑 [믿] 밑 밑

팥빙수 [팓삥수] 팥빙수 팥빙수

바깥 [바깓] 바깥 바깥

64

2 받침 ㅅ이 [ㄷ]로 소리 나는 낱말입니다. 받침을 주의 깊게 살펴보며 따라 쓰고, 소리 내어 읽어 봅시다.

옷 [옫] 옷 옷

숫자 [숟짜] 숫자 숫자

버릇 [버륻] 버릇 버릇

갔다 [갇따] 갔다 갔다

했다 [핻따] 했다 했다

65

1 배운 내용을 생각하며, 틀린 글자를 빈칸에 바르게 고쳐 써 봅시다.

줄무늬가 그려진 옫
줄무늬가 그려진 [옷]

어두운 책상 믿
어두운 책상 [밑]

걸어서 학교에 갇다.
걸어서 학교에 [갔][다].

킁킁 냄새를 맏다.
킁킁 냄새를 [맡][다].

66

2 또바기의 일기를 읽고, 틀린 부분을 찾아 ○표 해 봅시다.

20××년 ×월 ×일 ×요일 날씨:

제목: 귀여운 다람쥐

창밖으로 바깓 구경을 하다가 풀받 위에서 놀고 있는 다람쥐를 보아따. 다람쥐는 도토리도 먹고 팓도 먹고 있었다. 다람쥐가 그것을 어디서 찾았을까 궁금하다.

3 2에서 ○표 한 낱말이 들어 있는 문장을 바르게 고쳐 써 봅시다.

① 창밖으로 바깥 구경을 하다가
② 풀밭 위에서 놀고 있는
③ 다람쥐를 보았다.
④ 팥도 먹고 있었다.

67

더 나아가기 ㅌ, ㅅ, ㅆ받침이 ㄷ로 소리 나요 (옷/옫)

1 낱말에 알맞은 그림을 선으로 이어 봅시다.

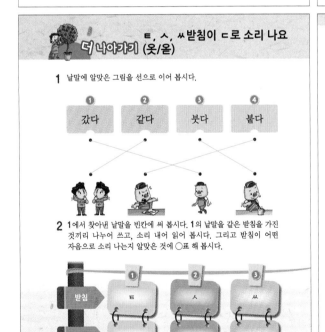

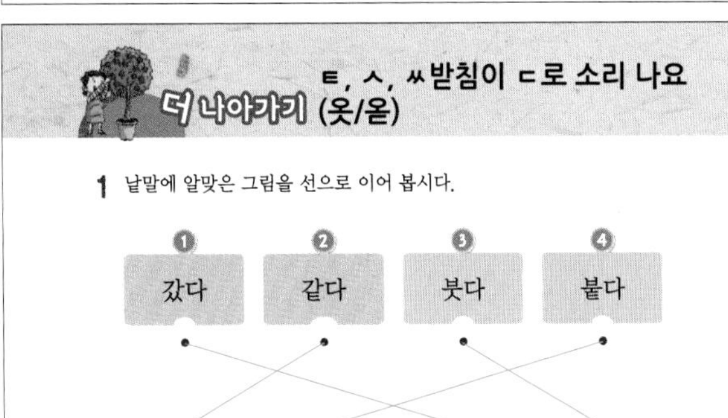

2 1에서 찾아낸 낱말을 빈칸에 써 봅시다. 1의 낱말을 같은 받침을 가진 것끼리 나누어 쓰고, 소리 내어 읽어 봅시다. 그리고 받침이 어떤 자음으로 소리 나는지 알맞은 것에 ○표 해 봅시다.

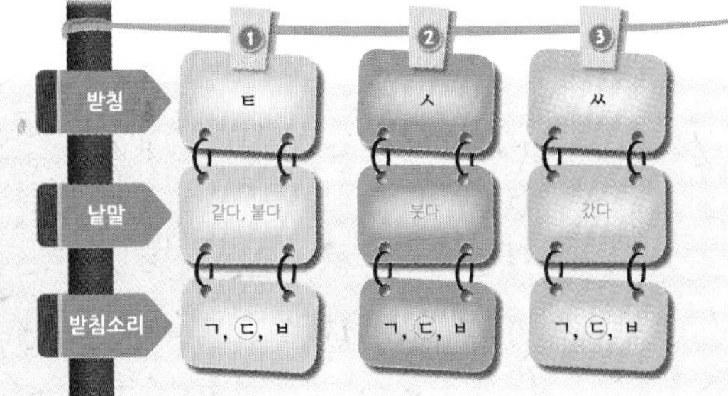

받침
낱말
받침소리
① ㅌ
같다, 붙다
ㄱ, ㄷ, ㅂ
② ㅅ
붓다
ㄱ, ㄷ, ㅂ
③ ㅆ
갔다
ㄱ, ㄷ, ㅂ

3 정말 열심히 공부했어요. 지금까지 배운 내용을 생각하며, 2에서 찾은 낱말들의 규칙을 스스로 정리해 봅시다.

어떻게 정리해요

[ ], [ ], [ ]은 받침의 위치에 오면 원래 자음자의 소리가 아닌 [ ]로 소리 나요. 하지만 받침을 쓸 때에는 원래 자음자로 써요.

보기 ㄷ ㅌ ㅅ ㅆ

4 부모님이나 선생님이 불러 주시는 말을 바르게 써 봅시다.

① 두꺼운 솥뚜껑
② 세 살 버릇 여든 간다.
③ 엄마와 함께 있다.
④ 호두의 단단한 겉껍질
⑤ 가족 여행을 갔다.

69

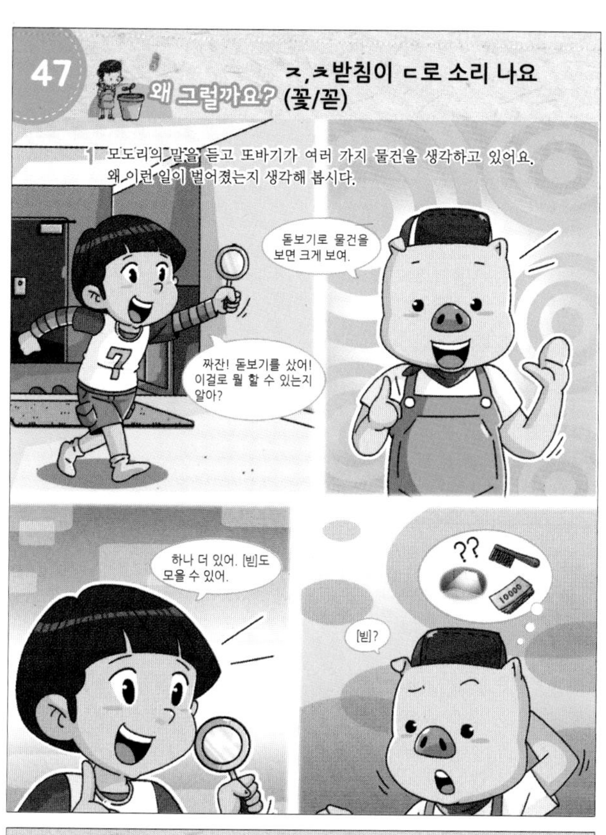

47 왜 그럴까요? ㅈ,ㅊ받침이 ㄷ로 소리 나요 (꽂/꼳)

1 모도리의 말을 듣고 또바기가 여러 가지 물건을 생각하고 있어요. 왜 이런 일이 벌어졌는지 생각해 봅시다.

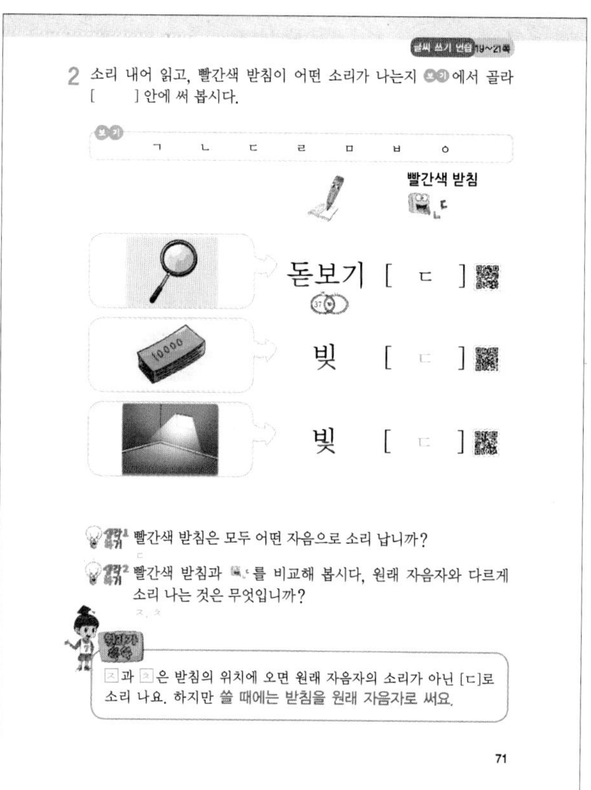

글씨 쓰기 번호 19~21쪽

2 소리 내어 읽고, 빨간색 받침이 어떤 소리가 나는지 보기 에서 골라 [ ] 안에 써 봅시다.

보기 ㄱ ㄴ ㄷ ㄹ ㅁ ㅂ ㅇ

빨간색 받침

돋보기 [ㄷ]

빚 [ㄷ]

빛 [ㄷ]

생각1 빨간색 받침은 모두 어떤 자음으로 소리 납니까?

생각2 빨간색 받침과 ㄷ를 비교해 봅시다. 원래 자음자와 다르게 소리 나는 것은 무엇입니까?

ㅈ과 ㅊ은 받침의 위치에 오면 원래 자음자의 소리가 아닌 [ㄷ]로 소리 나요. 하지만 쓸 때에는 받침을 원래 자음자로 써요.

71

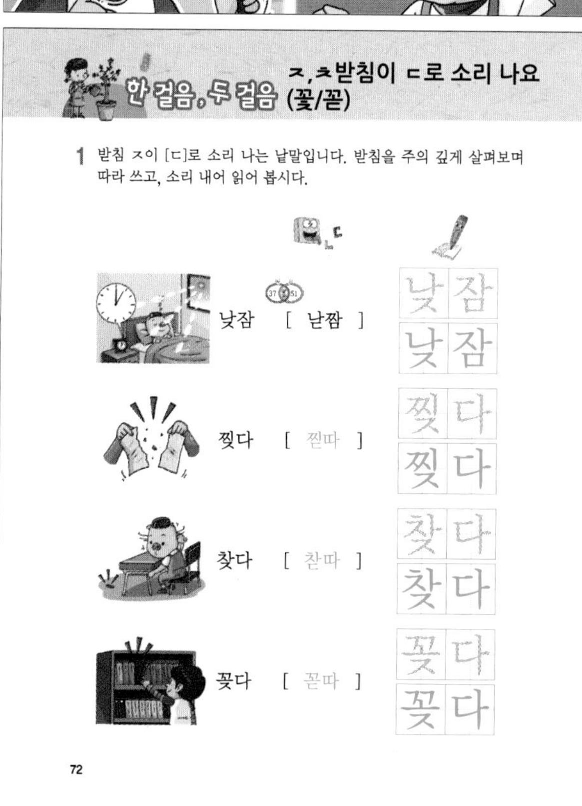

한 걸음, 두 걸음 ㅈ,ㅊ받침이 ㄷ로 소리 나요 (꽂/꼳)

1 받침 ㅈ이 [ㄷ]로 소리 나는 낱말입니다. 받침을 주의 깊게 살펴보며 따라 쓰고, 소리 내어 읽어 봅시다.

낮잠 [낟짬] 낮잠 낮잠

찢다 [찓따] 찢다 찢다

찾다 [찯따] 찾다 찾다

꽂다 [꼳따] 꽂다 꽂다

72

2 받침 ㅊ이 [ㄷ]로 소리 나는 낱말입니다. 받침을 주의 깊게 살펴보며 따라 쓰고, 소리 내어 읽어 봅시다.

꽃 [꼳] 꽃 꽃

돛 [돋] 돛 돛

불빛 [불삗] 불빛 불빛

쫓다 [쫃따] 쫓다 쫓다

73

'받침소리'의 변신과 쓰기 마법 1

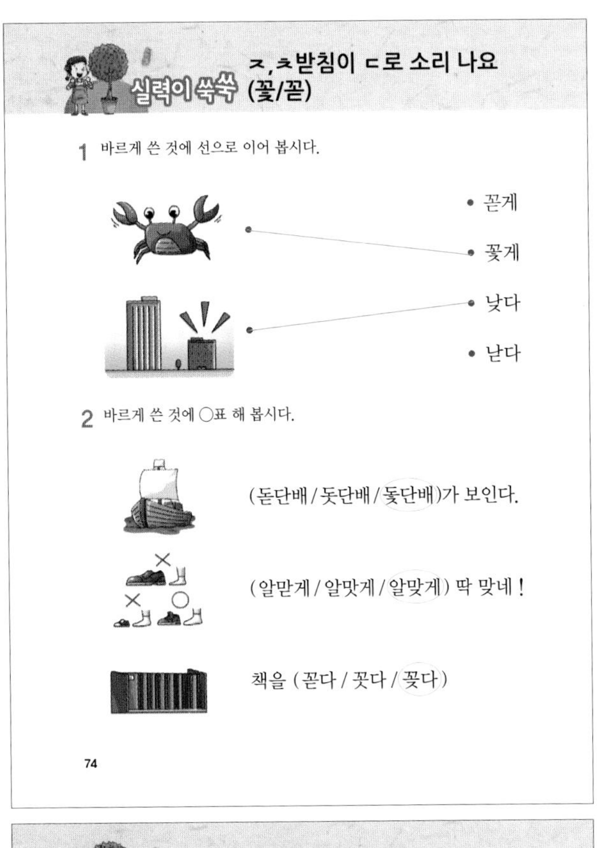

실력이 쑥쑥 ㅈ, ㅊ받침이 ㄷ로 소리 나요 (꽃/꼳)

1 바르게 쓴 것에 선으로 이어 봅시다.

• 꼳게
• 꽃게
• 낮다
• 낟다

2 바르게 쓴 것에 ○표 해 봅시다.

(돋단배 / 돗단배 / 돛단배)가 보인다.

(알맏게 / 알맛게 / 알맞게) 딱 맞네 !

책을 (꼳다 / 꼿다 / 꽂다)

74

3 배운 내용을 생각하며, 틀린 글자를 바르게 고쳐 써 봅시다.

색종이를 찓다.
색종이를 찢다.

일곱 빋깔 무지개
일곱 빛깔 무지개

이 책상은 낟구나.
이 책상은 낮구나.

살금살금 뒤를 쫃다.
살금살금 뒤를 쫓다.

75

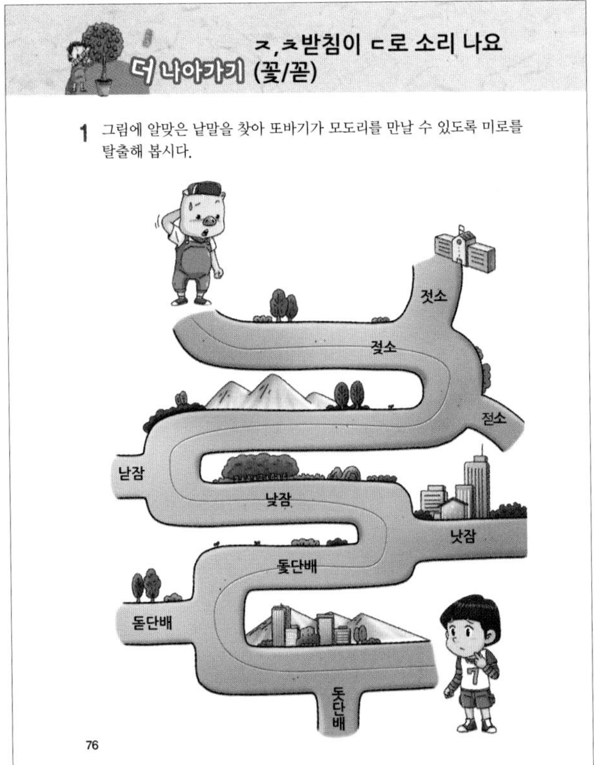

더 나아가기 ㅈ, ㅊ받침이 ㄷ로 소리 나요 (꽃/꼳)

1 그림에 알맞은 낱말을 찾아 또바기가 모도리를 만날 수 있도록 미로를 탈출해 봅시다.

76

2 정말 열심히 공부했어요. 지금까지 배운 내용을 생각하며, 1에서 찾은 낱말들의 규칙을 스스로 정리해 봅시다.

ㅌ, ㅅ, ㅆ, ㅈ, ㅊ은 받침의 위치에 오면 원래 자음자의 소리가 아닌 [ㄷ]로 소리 나요. 하지만 쓸 때에는 받침을 원래 자음자로 써요.

보기 ㄷ ㅌ ㅅ ㅆ ㅈ ㅊ ㅎ

3 부모님이나 선생님이 불러 주시는 말을 바르게 써 봅시다.

❶ 황금빛 왕관
❷ 노랗게 핀 개나리꽃
❸ 퍼즐을 맞추다.
❹ 책을 제자리에 꽂다.
❺ 분홍빛 저고리를 입다.

77

48 왜 그럴까요? ㅍ받침이 ㅂ로 소리 나요 (은행잎/은행입)

1 또바기가 궁금해하는 낱말을 어떻게 써야 할지 생각해 봅시다.

은행입
입? 이건
이야.
그럼
은
어떻게 써야 해?
은행입

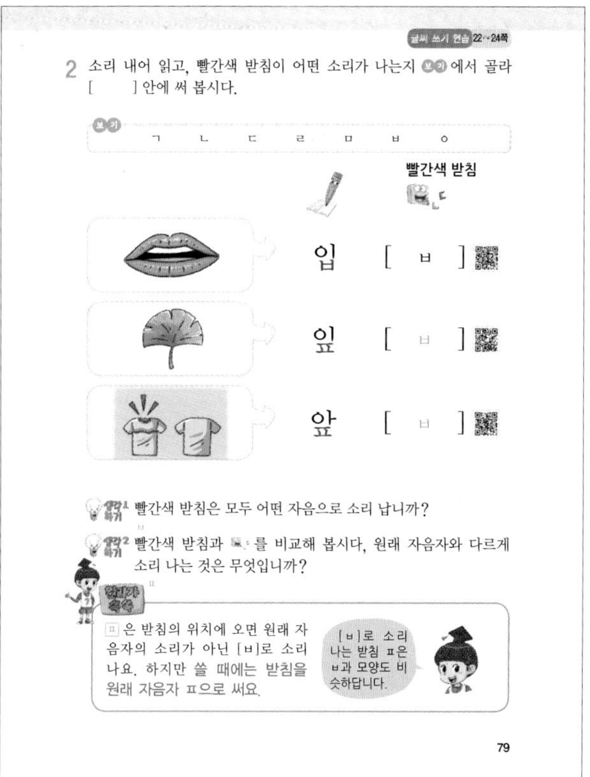

글씨 쓰기 연습 22~24쪽

2 소리 내어 읽고, 빨간색 받침이 어떤 소리가 나는지 보기에서 골라 [ ] 안에 써 봅시다.

보기 ㄱ ㄴ ㄷ ㄹ ㅁ ㅂ ㅇ

빨간색 받침

입 [ㅂ]

잎 [ㅂ]

앞 [ㅂ]

생각 1 빨간색 받침은 모두 어떤 자음으로 소리 납니까?

생각 2 빨간색 받침과 를 비교해 봅시다. 원래 자음자와 다르게 소리 나는 것은 무엇입니까?

ㅍ은 받침의 위치에 오면 원래 자음자의 소리가 아닌 [ㅂ]로 소리 나요. 하지만 쓸 때에는 받침을 원래 자음자 ㅍ으로 써요.

[ㅂ]로 소리 나는 받침 ㅍ은 ㅂ과 모양도 비슷하답니다.

79

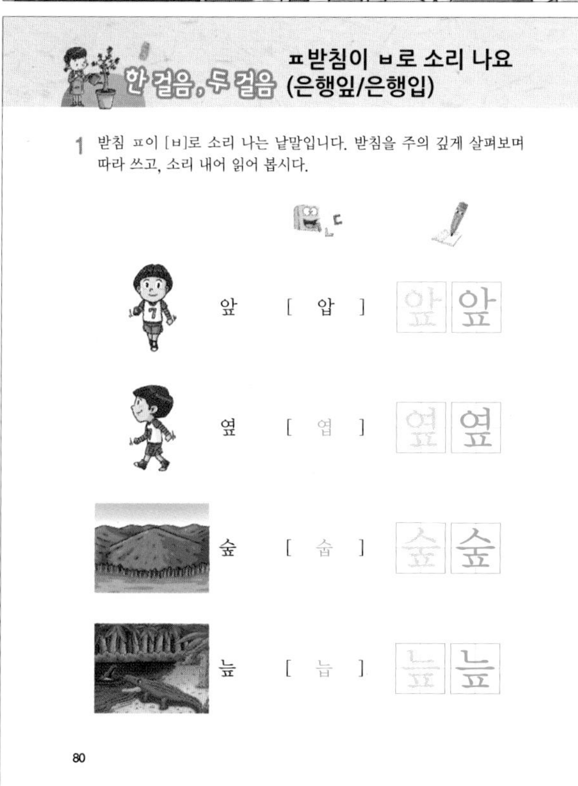

한 걸음, 두 걸음 ㅍ받침이 ㅂ로 소리 나요 (은행잎/은행입)

1 받침 ㅍ이 [ㅂ]로 소리 나는 낱말입니다. 받침을 주의 깊게 살펴보며 따라 쓰고, 소리 내어 읽어 봅시다.

앞 [압] 앞 앞

옆 [엽] 옆 옆

숲 [숩] 숲 숲

늪 [늡] 늪 늪

80

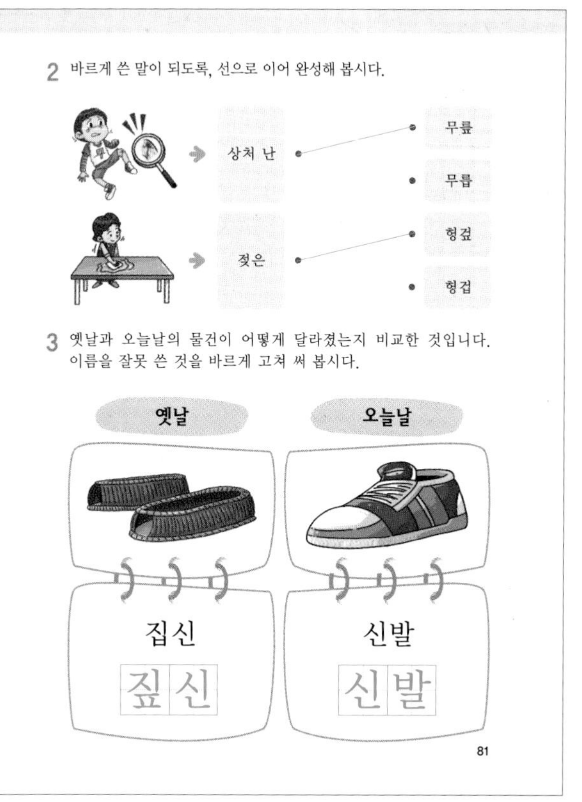

2 바르게 쓴 말이 되도록, 선으로 이어 완성해 봅시다.

상처 난 • • 무릎 • 무릅

젖은 • • 헝겊 • 헝겁

3 옛날과 오늘날의 물건이 어떻게 달라졌는지 비교한 것입니다. 이름을 잘못 쓴 것을 바르게 고쳐 써 봅시다.

옛날	오늘날
집신	신발
짚신	신발

81

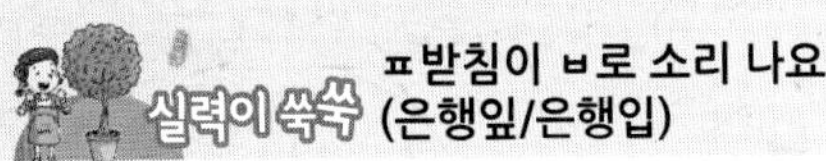

ㅍ받침이 ㅂ로 소리 나요 (은행잎/은행입)

1 배운 내용을 생각하며, 틀린 글자를 빈칸에 바르게 고쳐 써 봅시다.

노란 은행입
노란 [은][행][잎]

이불을 덥다.
이불을 [덮][다].

수영장이 깁다.
수영장이 [깊][다].

친구와 놀고 십다.
친구와 놀고 [싶][다].

82

2 동요 「악어떼」 악보에 가사가 잘못 쓰여 있어요. 바르게 고쳐 쓴 뒤에 노래를 불러 봅시다.

악어떼 이요섭 작사 · 작곡

정 글 숩 을 지나서가자 엉 금 엉 금 기어서가자

[정글숲을 지나서가자 엉금엉금 기어서 가자]

늡 지 대 가 나타나면은 악어떼가나 온 다 악어떼!

[늪지대가 나타나면은 악어떼가 나온다 악어떼!]

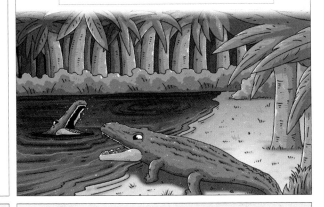

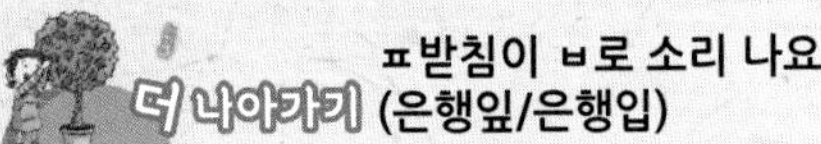

ㅍ받침이 ㅂ로 소리 나요 (은행잎/은행입)

1 글자와 받침 ㅍ을 연결하여 낱말이 되는 것을 이어 봅시다.

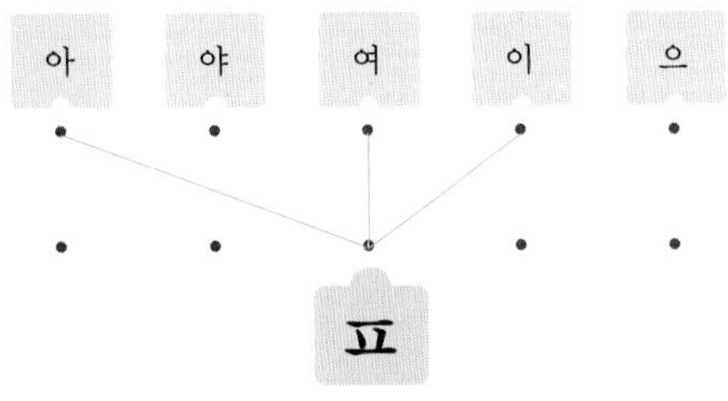

2 1에서 찾아낸 받침 ㅍ을 가진 낱말을 빈칸에 차례대로 써 봅시다. 낱말을 소리 내어 읽어 보며, 받침 ㅍ이 어떤 자음으로 소리 나는지 알맞은 것에 ○표 해 봅시다.

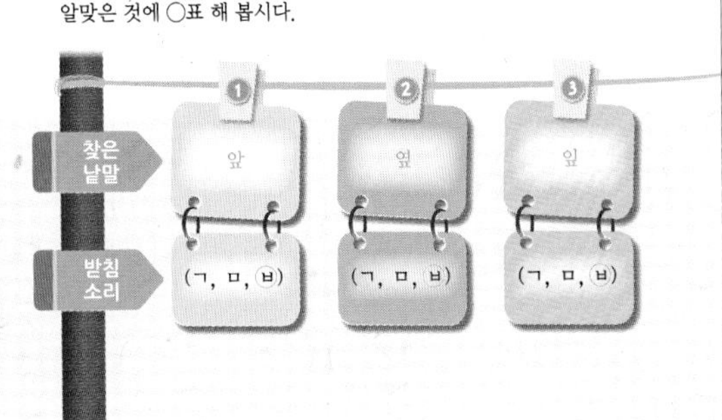

3 정말 열심히 공부했어요. 지금까지 배운 내용을 생각하며, 2에서 찾은 낱말들의 규칙을 스스로 정리해 봅시다.

[ㅍ]은 받침의 위치에 오면 원래 자음자의 소리가 아닌 [[ㅂ]]로 소리 나요. 하지만 (쓸) 때에는 받침을 원래 자음자로 써요.

보기: 쓸 ㅂ ㅍ

4 부모님이나 선생님이 불러 주시는 말을 바르게 써 봅시다.

① [네 잎 클로버]
② [앞치마를 두르고]
③ [파도가 무릎까지 와요].
④ [맨 앞쪽으로 가다].
⑤ [태권도에서 옆차기를 배우다].

85

11장 '받침소리'의 변신과 쓰기 마법 2

49 왜 그럴까요? ㄷ로 소리 나는 받침이 넘어가요 (웃어른/우더른)

1 또바기의 질문에 선생님께서 어리둥절해 한 이유가 무엇일지 생각해 봅시다.

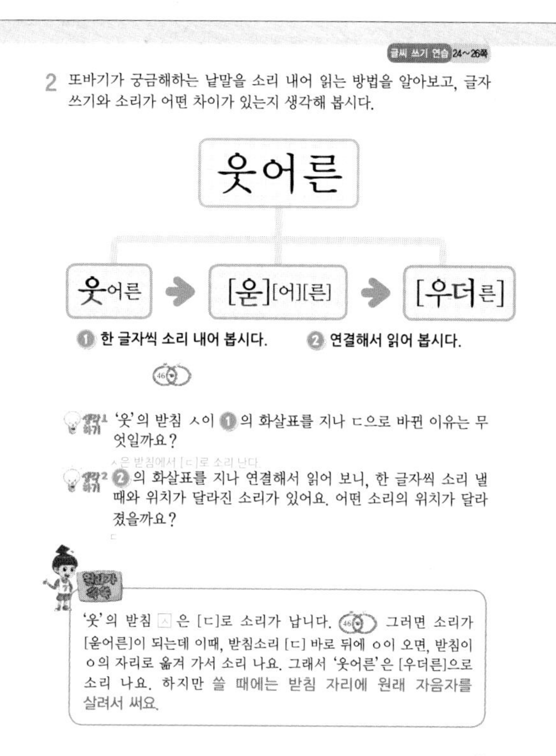

글씨 쓰기 연습 24~26쪽

2 또바기가 궁금해하는 낱말을 소리 내어 읽는 방법을 알아보고, 글자 쓰기와 소리가 어떤 차이가 있는지 생각해 봅시다.

생각1 '웃'의 받침 ㅅ이 ①의 화살표를 지나 ㄷ으로 바뀐 이유는 무엇일까요?

생각2 ②의 화살표를 지나 연결해서 읽어 보니, 한 글자씩 소리 낼 때와 위치가 달라진 소리가 있어요. 어떤 소리의 위치가 달라졌을까요?

'웃'의 받침 ㅅ은 [ㄷ]로 소리가 납니다. 그러면 소리가 [욷어른]이 되는데 이때, 받침소리 [ㄷ] 바로 뒤에 ㅇ이 오면, 받침이 ㅇ의 자리로 옮겨 가서 소리 나요. 그래서 '웃어른'은 [우더른]으로 소리 나요. 하지만 쓸 때에는 받침 자리에 원래 자음자를 살려서 써요.

89

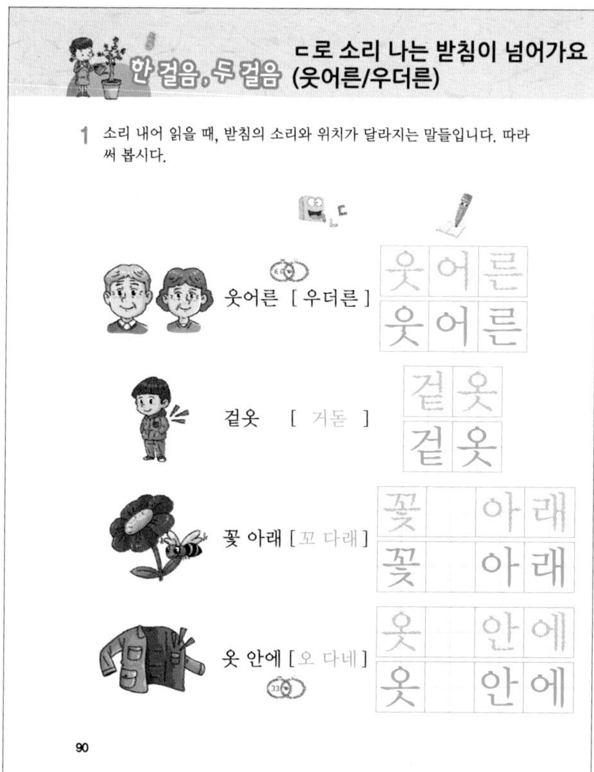

한 걸음, 두 걸음 ㄷ로 소리 나는 받침이 넘어가요 (웃어른/우더른)

1 소리 내어 읽을 때, 받침의 소리와 위치가 달라지는 말들입니다. 따라 써 봅시다.

90

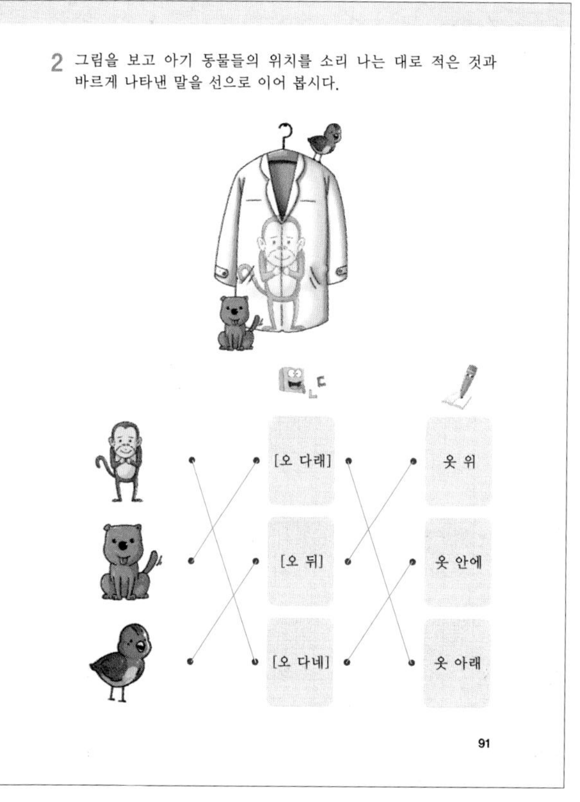

2 그림을 보고 아기 동물들의 위치를 소리 나는 대로 적은 것과 바르게 나타낸 말을 선으로 이어 봅시다.

91

ㄷ로 소리 나는 받침이 넘어가요 (웃어른/우더른)

1 소리 나는 대로 써서 틀린 글자를 바르게 고쳐 써 봅시다.

꼬 뒤에 꿀벌

꽃 위에 꿀벌

우더른께 인사를

웃어른께 인사를

오 다네 있어.

옷 안에 있어.

거도슬 입으렴.

겉옷을 입으렴.

2 틀린 문장을 보기 처럼 바르게 고쳐 써 봅시다. 그리고 완성된 문장을 소리 내어 읽어 봅시다.

보기

할아버지가 허두슴을 터뜨리신다.

할아버지가 헛웃음을 터뜨리신다.

바 다래 보물이 있어요.

밭 아래 보물이 있어요.

꼬 다페서 자고 있는 고양이

꽃 앞에서 자고 있는 고양이.

위도슬 벗으렴.

윗옷을 벗으렴.

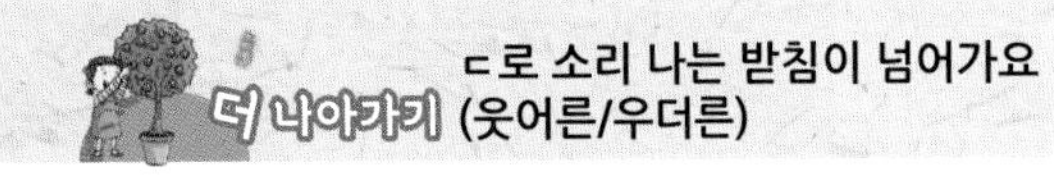

ㄷ로 소리 나는 받침이 넘어가요 (웃어른/우더른)

1 그림을 보고 각 꿀벌의 위치를 나타내는 말을 빈칸에 써 봅시다.

2 정말 열심히 공부했어요. 지금까지 배운 내용을 생각하며, 1에서 찾은 낱말들의 규칙을 스스로 정리해 봅시다.

'웃어른'에서 '웃'의 받침 ㅅ은 [ㄷ] 로 소리 나요. 이때 받침소리 바로 뒤에 ㅇ이 오면, 받침소리가 ㅇ의 자리로 옮겨 가서 소리 나요. 그래서 (웃어른)은 소리가 [우더른]으로 나요. 하지만 쓸 때에는 받침 자리에 원래 자음자를 살려서 써요.

보기 웃어른 ㄷ 우더른

3 부모님이나 선생님이 불러 주시는 말을 바르게 써 봅시다.

1. 꽃 이름
2. 두꺼운 겉옷
3. 팥알이 크다.
4. 허허 헛웃음을 웃어요.
5. 옷 위에 얼룩이 생기다.

50 왜 그럴까요? ㄱ로 소리 나는 받침 뒤 자음자가 강하게 소리 나요(깎다/깍따)

1 또바기가 틀리게 쓴 낱말이 무엇인지 생각해 봅시다.

손은 괜찮아?
응, 약 발랐어. 일기에 다친 일 쓰고 있었어.
손톱을 깍따가
손을 다쳤다.
소리 나는 대로 써서 틀린 낱말이 있어.

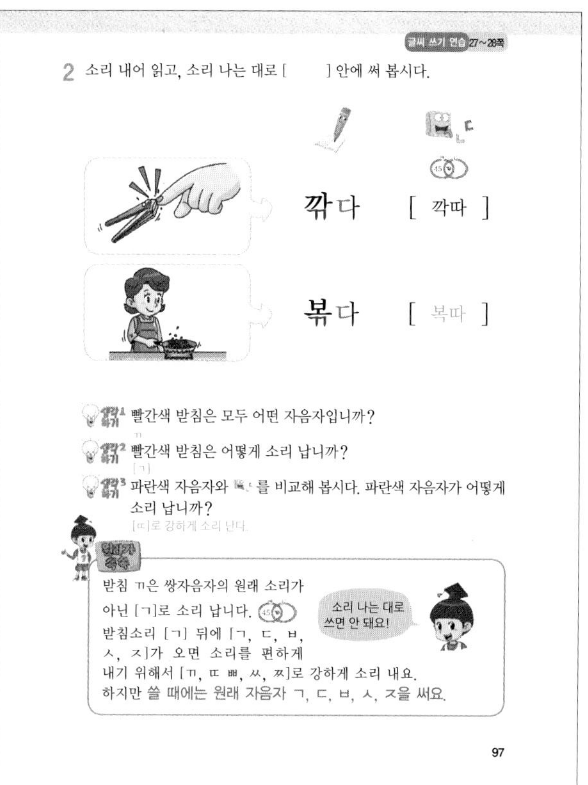

글씨 쓰기 연습 27~28쪽

2 소리 내어 읽고, 소리 나는 대로 [ ] 안에 써 봅시다.

깎다 [깍따]

볶다 [복따]

생각하기 1 빨간색 받침은 모두 어떤 자음자입니까?
ㄲ

생각하기 2 빨간색 받침은 어떻게 소리 납니까?
[ㄱ]

생각하기 3 파란색 자음자와 ㄷ를 비교해 봅시다. 파란색 자음자가 어떻게 소리 납니까?
[ㄸ]로 강하게 소리 난다.

받침 ㄲ은 쌍자음자의 원래 소리가 아닌 [ㄱ]로 소리 납니다. 받침소리 [ㄱ] 뒤에 [ㄱ, ㄷ, ㅂ, ㅅ, ㅈ]가 오면 소리를 편하게 내기 위해서 [ㄲ, ㄸ ㅃ, ㅆ, ㅉ]로 강하게 소리 내요. 하지만 쓸 때에는 원래 자음자 ㄱ, ㄷ, ㅂ, ㅅ, ㅈ을 써요.

소리 나는 대로 쓰면 안 돼요!

97

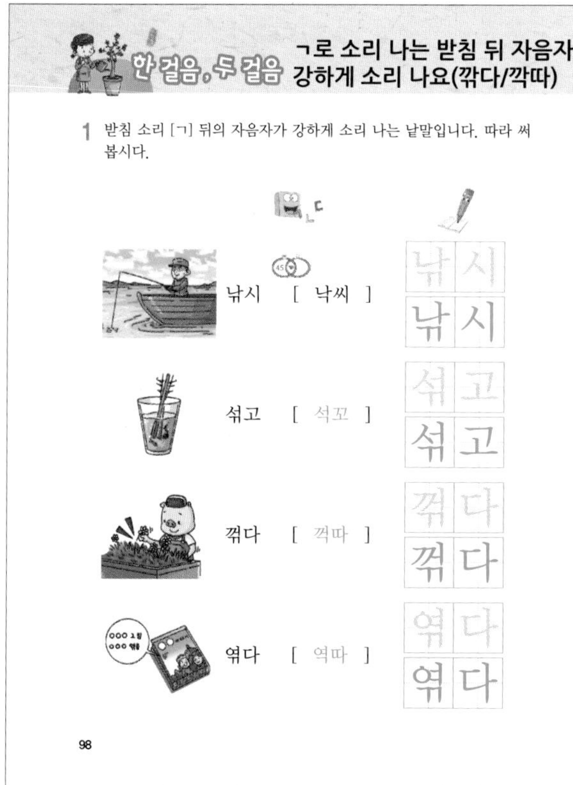

한 걸음, 두 걸음 ㄱ로 소리 나는 받침 뒤 자음자가 강하게 소리 나요(깎다/깍따)

1 받침 소리 [ㄱ] 뒤의 자음자가 강하게 소리 나는 낱말입니다. 따라 써 봅시다.

낚시 [낙씨] 낚시 낚시

섞고 [석꼬] 섞고 섞고

꺾다 [꺽따] 꺾다 꺾다

엮다 [역따] 엮다 엮다

98

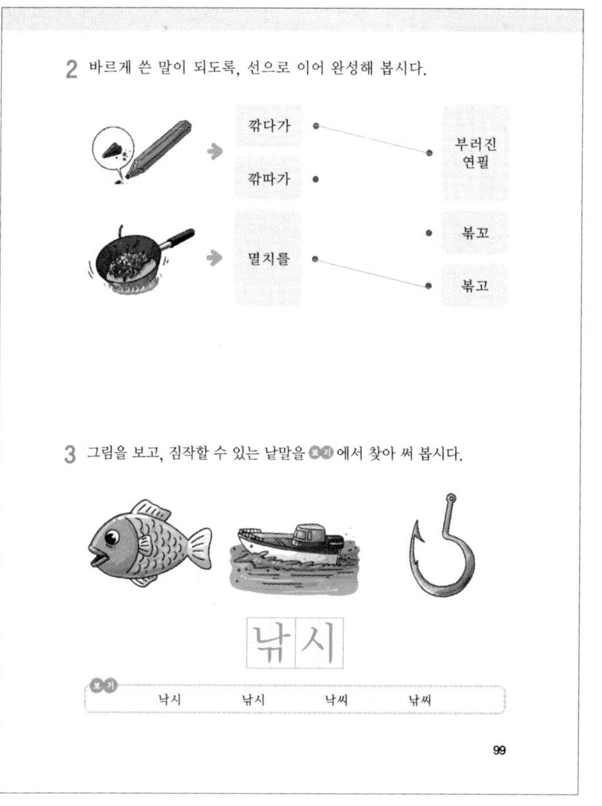

2 바르게 쓴 말이 되도록, 선으로 이어 완성해 봅시다.

깎다가 • — • 부러진 연필
깍따가 •
멸치를 • — • 볶고
• 복고

3 그림을 보고, 짐작할 수 있는 낱말을 보기 에서 찾아 써 봅시다.

낚시

보기: 낙시 낚시 낙씨 낚씨

99

'받침소리'의 변신과 쓰기 마법 2

실력이 쑥쑥 ㄱ로 소리 나는 받침 뒤 자음자가 강하게 소리 나요(깎다/깍따)

1 배운 내용을 생각하며, 틀린 글자를 바르게 고쳐 써 봅시다.

리본을 묵따.
리본을 묶 다.

칼로 사과를 깍찌.
칼로 사과를 깎 지.

유리창을 깨끗이 닥꼬
유리창을 깨끗이 닦 고

빨강과 파랑을 석따.
빨강과 파랑을 섞 다.

100

2 '야무진 미용실'에서 할 수 있는 머리 모양입니다. ①~③의 문장에서 틀린 글자를 바르게 고쳐 써 봅시다.

① 머리를 예쁘게 묵따.

② 머리를 시원하게 깍따.

③ 머리를 뽀글뽀글 복따.

① 머리를 예쁘게 묶다.
② 머리를 시원하게 깎다.
③ 머리를 뽀글뽀글 볶다.

101

더 나아가기 ㄱ로 소리 나는 받침 뒤 자음자가 강하게 소리 나요(깎다/깍따)

1 그림에 알맞은 문장이 되도록 빈칸을 채워 봅시다.

걸레로 바닥을 닦 다.

골고루 섞 다.

오른쪽으로 방향을 꺾 다.

책을 만들려고 여러 이야기를 엮 다.

102

2 정말 열심히 공부했어요. 지금까지 배운 내용을 생각하며, 1에서 찾은 낱말들의 규칙을 스스로 정리해 봅시다.

이렇게 정리해요

받침소리 [ㄱ] 뒤에 [ㄱ, ㄷ, ㅂ, ㅅ, ㅈ]가 오면 소리를 편하게 내기 위해서 [ㄲ, ㄸ, ㅃ, ㅆ, ㅉ]로 강하게 소리 내요. 하지만 쓸 때에는 원래 자음자 ㄱ, ㄷ, ㅂ, ㅅ, ㅈ을 써요.

보기 ㄲ ㄸ ㅆ

3 부모님이나 선생님이 불러 주시는 말을 바르게 써 봅시다.

① 신발 끈 묶기
② 손톱을 깎고
③ 꽃을 꺾지 말자.
④ 아빠가 붕어를 낚다.
⑤ 어려움을 겪다.

103

51 왜 그럴까요? ㄷ로 소리 나는 받침 뒤 자음자가 강하게 소리 나요(돛단배/돋딴배)

1 모도리와 또바기의 이름표를 비교하며, 누구의 이름표가 바른 것일지 생각해 봅시다.

야! 드디어 완성!
오잉?
모도리 돛단배
또바기 돋딴배

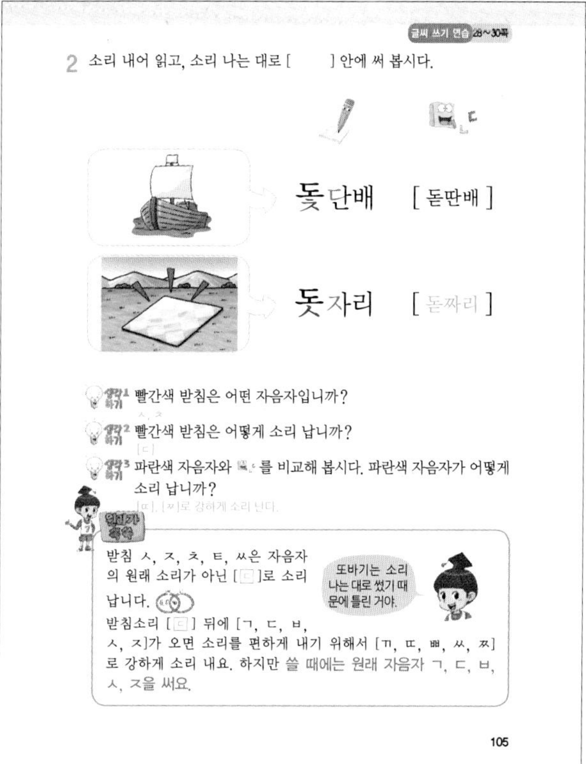

글씨 쓰기 연습 28~30쪽

2 소리 내어 읽고, 소리 나는 대로 [ ] 안에 써 봅시다.

돛단배 [돋딴배]

돗자리 [돋짜리]

생각하기1 빨간색 받침은 어떤 자음자입니까?

생각하기2 빨간색 받침은 어떻게 소리 납니까? [ㄷ]

생각하기3 파란색 자음자와 를 비교해 봅시다. 파란색 자음자가 어떻게 소리 납니까?

[ㄸ], [ㅉ]로 강하게 소리 난다.

알아가 쏙쏙

받침 ㅅ, ㅈ, ㅊ, ㅌ, ㅆ은 자음자의 원래 소리가 아닌 [ㄷ]로 소리 납니다.
받침소리 [ㄷ] 뒤에 [ㄱ, ㄷ, ㅂ, ㅅ, ㅈ]가 오면 소리를 편하게 내기 위해서 [ㄲ, ㄸ, ㅃ, ㅆ, ㅉ]로 강하게 소리 내요. 하지만 쓸 때에는 원래 자음자 ㄱ, ㄷ, ㅂ, ㅅ, ㅈ을 써요.

또바기는 소리 나는 대로 썼기 때문에 틀린 거야.

105

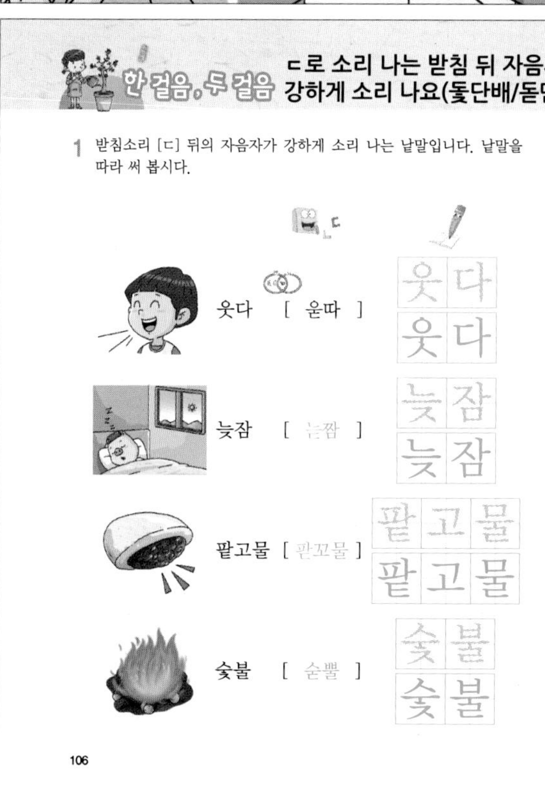

한 걸음, 두 걸음 ㄷ로 소리 나는 받침 뒤 자음자가 강하게 소리 나요(돛단배/돋딴배)

1 받침소리 [ㄷ] 뒤의 자음자가 강하게 소리 나는 낱말입니다. 낱말을 따라 써 봅시다.

웃다 [욷따] 웃다 웃다

늦잠 [늗짬] 늦잠 늦잠

팥고물 [팓꼬물] 팥고물 팥고물

숯불 [숟뿔] 숯불 숯불

106

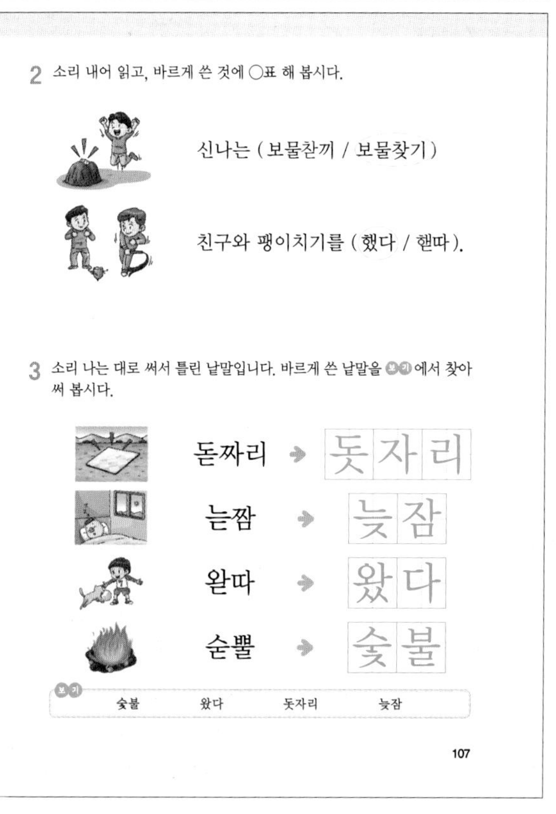

2 소리 내어 읽고, 바르게 쓴 것에 ○표 해 봅시다.

신나는 (보물찾끼 / 보물찾기)

친구와 팽이치기를 (했다 / 햇따).

3 소리 나는 대로 써서 틀린 낱말입니다. 바르게 쓴 낱말을 보기에서 찾아 써 봅시다.

돋짜리 → 돗자리

늗짬 → 늦잠

왇따 → 왔다

숟뿔 → 숯불

보기: 숯불 왔다 돗자리 늦잠

107

실력이 쑥쑥 ㄷ로 소리 나는 받침 뒤 자음자가 강하게 소리 나요(돛단배/돋딴배)

1 배운 내용을 생각하며, 틀린 글자를 바르게 고쳐 써 봅시다.

낮에 뜨는 낟딸

낮에 뜨는 낮달

늗께 일어나서 지각을

늦게 일어나서 지각을

보물을 찯꼬나서

보물을 찾고나서

시원한 팓삥수

시원한 팥빙수

2 소리 내어 읽고, 보기 처럼 바르게 고쳐 써 봅시다.

보기

친구 말에 맏짱구치다.

친구 말에 맞장구치다.

금방 갇따 왔어요.

금방 갔다 왔어요.

새가 낟께 날아요.

새가 낮게 날아요.

딸꾹찔을 하다.

딸꾹질을 하다.

더 나아가기 ㄷ로 소리 나는 받침 뒤 자음자가 강하게 소리 나요(돛단배/돋딴배)

1 동요 「비행기」 악보의 일부입니다. 그런데 악보에 가사가 잘못 쓰여 있어요. 바르게 고쳐 쓴 뒤에 노래를 불러 봅시다.

비행기

윤석중 노래
미 국 민요

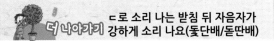

떧 따떧 따 비 행 기 날 아 라 날 아 라

떴다 떴다 비행기 날아라 날아라

놉 이놉 이 날 아 라 우 리 비 행 기

높이 높이 날아라 우리 비행기

2 정말 열심히 공부했어요. 지금까지 배운 내용을 생각하며, 1에서 찾은 낱말들의 규칙을 스스로 정리해 봅시다.

어떻게 정리해요

받침소리 [ㄷ] 뒤에 [ㄱ, ㄷ, ㅂ, ㅅ, ㅈ]가 오면 소리를 편하게 내기 위해서 [ㄲ, ㄸ, ㅃ, ㅆ, ㅉ]로 강하게 소리 내요. 하지만 쓸 때에는 원래 자음자 ㄱ, ㄷ, ㅂ, ㅅ, ㅈ을 써요.

보기 ㅂ ㄷ

3 부모님이나 선생님이 불러 주시는 말을 바르게 써 봅시다.

① 돛단배를 타고 가요.

② 숯불이 활활 타요.

③ 돗자리를 펴다.

④ 붕어빵 속 팥고물.

⑤ 손으로 꽃받침을 만들다.

52 왜 그럴까요? ㅂ로 소리 나는 받침 뒤 자음자가 강하게 소리 나요(잎사귀/입싸귀)

1 모도리가 고쳐 주려고 하는 글자를 소리 내어 읽어 보고, 어떤 점을 고쳐야 할지 생각해 봅시다.

초록 잎싸귀가
얼른 돋아나라고
기도해야지!
또바기야, 이건 어떻게 고쳐야 하나면……
초록 잎싸귀가
얼른 돋아나라고

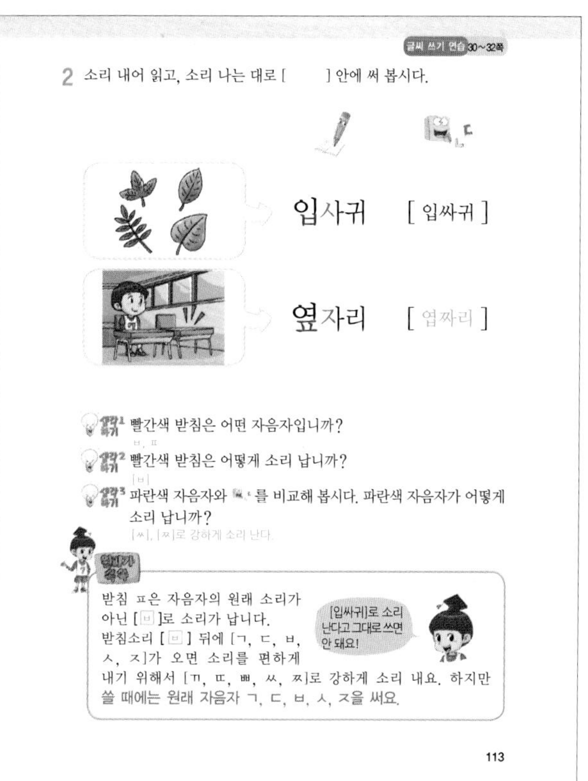

글씨 쓰기 연습 30~32쪽

2 소리 내어 읽고, 소리 나는 대로 [ ] 안에 써 봅시다.

입사귀 [입싸귀]

옆자리 [엽짜리]

생각하기 1 빨간색 받침은 어떤 자음자입니까?
ㅂ, ㅍ

생각하기 2 빨간색 받침은 어떻게 소리 납니까?
[ㅂ]

생각하기 3 파란색 자음자와 를 비교해 봅시다. 파란색 자음자가 어떻게 소리 납니까?
[ㅆ], [ㅉ]로 강하게 소리 난다.

받침 ㅍ은 자음자의 원래 소리가 아닌 [ㅂ]로 소리가 납니다. 받침소리 [ㅂ] 뒤에 [ㄱ, ㄷ, ㅂ, ㅅ, ㅈ]가 오면 소리를 편하게 내기 위해서 [ㄲ, ㄸ, ㅃ, ㅆ, ㅉ]로 강하게 소리 내요. 하지만 쓸 때에는 원래 자음자 ㄱ, ㄷ, ㅂ, ㅅ, ㅈ을 써요.

[입싸귀]로 소리 난다고 그대로 쓰면 안 돼요!

113

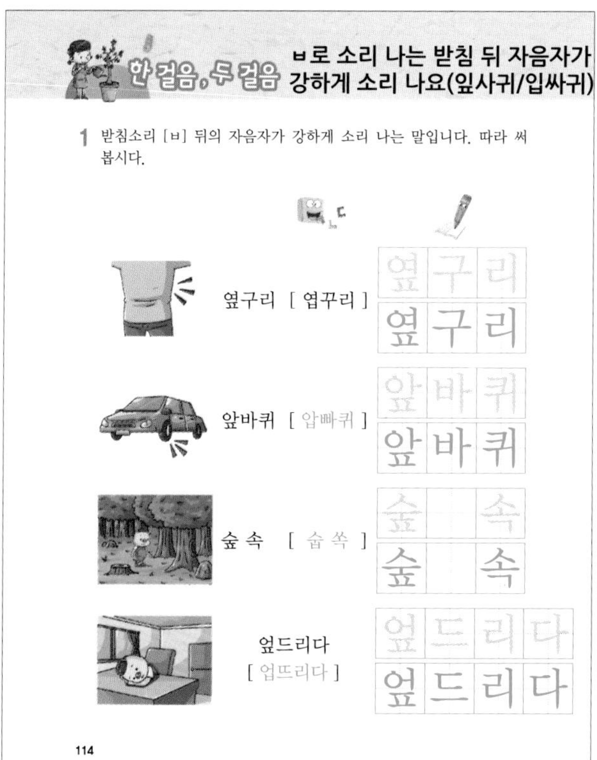

한 걸음, 두 걸음 ㅂ로 소리 나는 받침 뒤 자음자가 강하게 소리 나요(잎사귀/입싸귀)

1 받침소리 [ㅂ] 뒤의 자음자가 강하게 소리 나는 말입니다. 따라 써 봅시다.

옆구리 [엽꾸리] 옆구리 옆구리

앞바퀴 [압빠퀴] 앞바퀴 앞바퀴

숲 속 [숩 쏙] 숲 속 숲 속

엎드리다 [업뜨리다] 엎드리다 엎드리다

114

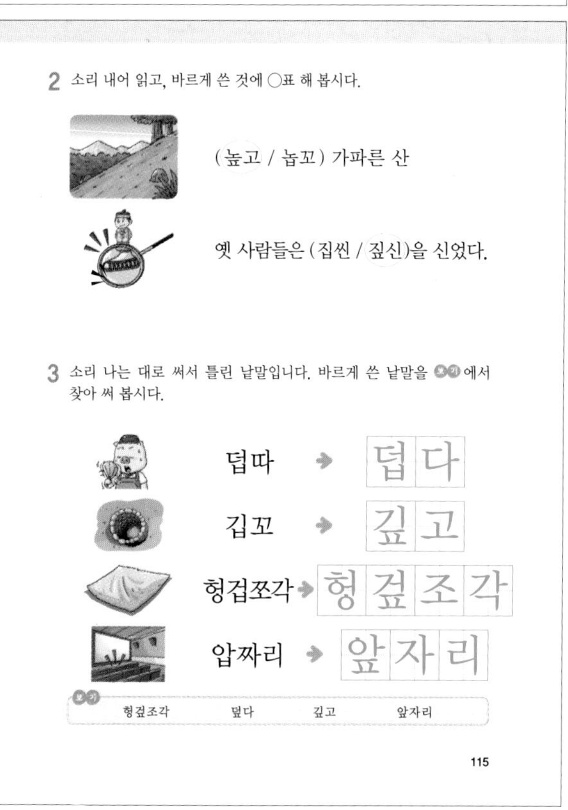

2 소리 내어 읽고, 바르게 쓴 것에 ○표 해 봅시다.

(높고 / 놉꼬) 가파른 산

옛 사람들은 (집씬 / 짚신)을 신었다.

3 소리 나는 대로 써서 틀린 낱말입니다. 바르게 쓴 낱말을 보기 에서 찾아 써 봅시다.

덥따 → 덮다

깁꼬 → 깊고

헝겁쪼각 → 헝겊조각

압짜리 → 앞자리

보기: 헝겊조각 덮다 깊고 앞자리

115

11장 '받침소리'의 변신과 쓰기 마법 2

실력이 쑥쑥 ㅂ로 소리 나는 받침 뒤 자음자가 강하게 소리 나요(잎사귀/입싸귀)

1 배운 내용을 생각하며, 틀린 글자를 바르게 고쳐 써 봅시다.

길꼬 어두운 동굴

깊 고 어두운 동굴

지팡이를 집꼬

지팡이를 집 고

물을 업찌르다.

물을 엎 지 르 다.

늡 쏙에 빠진

늪 속에 빠진

2 이야기를 읽고, 틀린 부분을 찾아 ○표 해 봅시다.

잠자는 숩 쏙의 공주

놉꼬 높은 산 속 궁전에 공주가 태어났어요. 왕과 왕비는 기뻐서 잔치를 열었어요. 그런데 잔치에 초대받지 못한 마녀가 화가 나서 찾아왔어요. 마녀는 궁전에 있는 모든 사람들이 깁꼬 깊은 잠에 빠지게 했어요.

3 2에서 ○표 한 말이 들어 있는 말을 바르게 고쳐 써 봅시다.

① 잠자는 숲 속의 공주

② 높고 높은 산 속 궁전

③ 깊고 깊은 잠

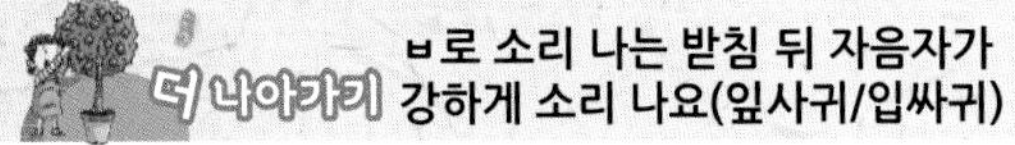

더 나아가기 ㅂ로 소리 나는 받침 뒤 자음자가 강하게 소리 나요(잎사귀/입싸귀)

1 그림에 알맞은 말을 찾아 또바기가 모도리를 만날 수 있도록 미로를 탈출해 봅시다.

2 정말 열심히 공부했어요. 지금까지 배운 내용을 생각하며, 1에서 찾은 낱말들의 규칙을 스스로 정리해 봅시다.

어떻게 정리해요

받침소리 [ㅂ] 뒤에 [ㄱ, ㄷ, ㅂ, ㅅ, ㅈ]가 오면 소리를 (편하게) 내기 위해서 [ㄲ, ㄸ, ㅃ, ㅆ, ㅉ]로 강하게 소리 내요. 하지만 쓸 때에는 원래 자음자 ㄱ, ㄷ, ㅂ, ㅅ, ㅈ을 써요.

보기: 편하게 ㅂ

3 부모님이나 선생님이 불러 주시는 말을 바르게 써 봅시다.

① 옆구리를 간질이다.

② 앞장서 가다.

③ 땅 짚고 헤엄치기

④ 제비가 은혜를 갚다.

⑤ 헝겊조각으로 만든 인형

53 왜 그럴까요? 자음자의 소리가 바뀌어요 (해돋이/해도지)

1 또바기가 쓴 일기에 틀린 낱말이 있어요. 어떻게 고쳐야 할지 생각해 봅시다.

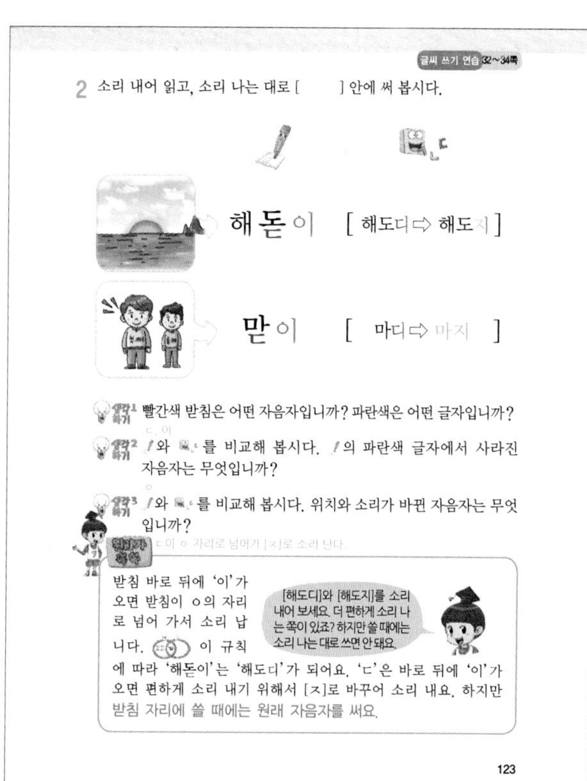

글씨 쓰기 연습 32~34쪽

2 소리 내어 읽고, 소리 나는 대로 [ ] 안에 써 봅시다.

해돋이 [해도디 ⇨ 해도지]

맏이 [마디 ⇨ 마지]

생각1 하기 빨간색 받침은 어떤 자음자입니까? 파란색은 어떤 글자입니까?
ㄷ, 이

생각2 하기 와 를 비교해 봅시다. 의 파란색 글자에서 사라진 자음자는 무엇입니까?
ㅇ

생각3 하기 와 를 비교해 봅시다. 위치와 소리가 바뀐 자음자는 무엇입니까?
ㄷ이 ㅇ 자리로 넘어가 [ㅈ]로 소리 난다.

받침 바로 뒤에 '이'가 오면 받침이 ㅇ의 자리로 넘어 가서 소리 납니다. 이 규칙에 따라 '해돋이'는 '해도디'가 되어요. 'ㄷ'은 바로 뒤에 '이'가 오면 편하게 소리 내기 위해서 [ㅈ]로 바꾸어 소리 내요. 하지만 받침 자리에 쓸 때에는 원래 자음자를 써요.

123

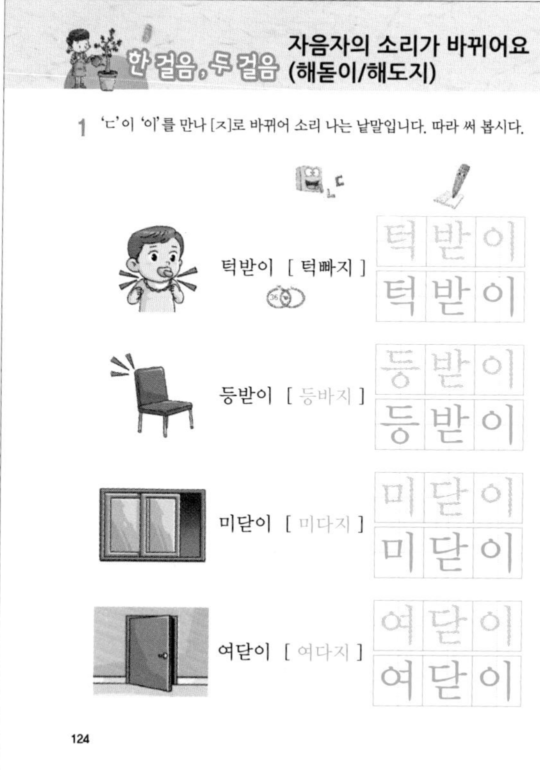

한 걸음, 두 걸음 자음자의 소리가 바뀌어요 (해돋이/해도지)

1 'ㄷ'이 '이'를 만나 [ㅈ]로 바뀌어 소리 나는 낱말입니다. 따라 써 봅시다.

턱받이 [턱빠지] 턱받이 턱받이

등받이 [등바지] 등받이 등받이

미닫이 [미다지] 미닫이 미닫이

여닫이 [여다지] 여닫이 여닫이

124

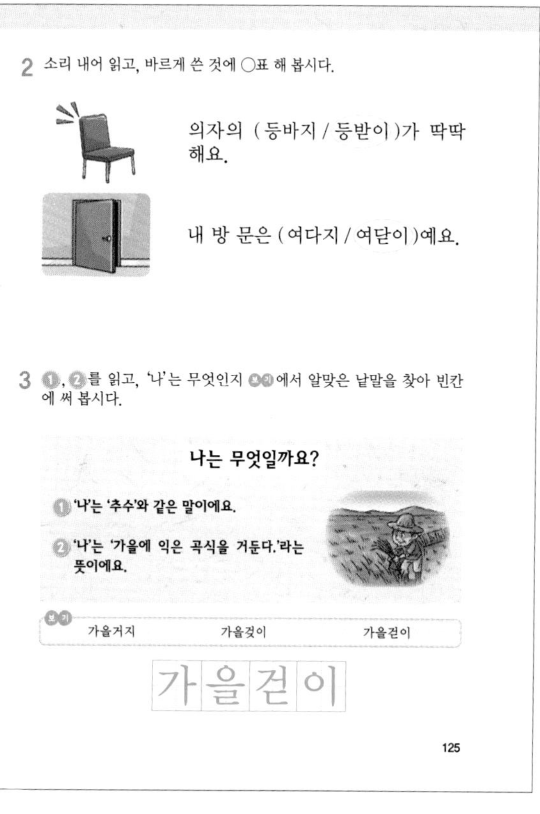

2 소리 내어 읽고, 바르게 쓴 것에 ○표 해 봅시다.

의자의 (등바지 / 등받이)가 딱딱해요.

내 방 문은 (여다지 / 여닫이)예요.

3 ①, ②를 읽고, '나'는 무엇인지 보기에서 알맞은 낱말을 찾아 빈칸에 써 봅시다.

나는 무엇일까요?

① '나'는 '추수'와 같은 말이에요.

② '나'는 '가을에 익은 곡식을 거둔다.'라는 뜻이에요.

보기: 가을거지 가을것이 가을걷이

가을걷이

125

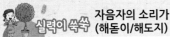

'ㄷ, ㅌ'의 변신과 쓰기 마법

실력이 쑥쑥 자음자의 소리가 바뀌어요 (해돋이/해도지)

1 배운 내용을 생각하며, 틀린 글자를 바르게 고쳐 써 봅시다.

삼형제 중 마지
삼형제 중 맏이

아기의 턱바지
아기의 턱받이

구지 고집을 부려서
굳이 고집을 부려서

가을거지로 바쁜 농부
가을걷이로 바쁜 농부

126

2 또바기의 일기를 읽고, 틀린 부분에 ○표 해 봅시다.

20xx년 x월 x일 x요일 날씨:
엄마, 아빠, 모도리와 나 4명이서 여행을 갔어요. 해도지를 보았어요. 해를 보면서 소원을 빌면 소원이 이루어진다고 엄마가 말씀하셨어요.
"우리 마지는 소원이 뭐니?"
그러자 모도리가 대답했어요.
"놀이공원에 가고 싶어요."
"우아, 내 소원이랑 똑같아요."
"소원아 이루어져라 얍!"

3 2에서 ○표 한 낱말이 들어 있는 문장을 바르게 고쳐 써 봅시다.

❶ 해돋이를 보았어요.
❷ 우리 맏이는 소원이 뭐니?

127

더 나아가기 자음자의 소리가 바뀌어요 (해돋이/해도지)

1 'ㄷ'이 '이'를 만나 [ㅈ]로 바뀌어 소리 나는 낱말입니다. 낱말이 완성되도록 보기에서 알맞은 글자를 골라 빈칸에 써 봅시다.

보기: 여 등 턱 미

	❶				❹	
	여				등	
❷미	닫	이		❸턱	받	이
	이				이	

2 1에서 찾아낸 낱말을 소리 내어 읽고, 빈칸에 써 봅시다.

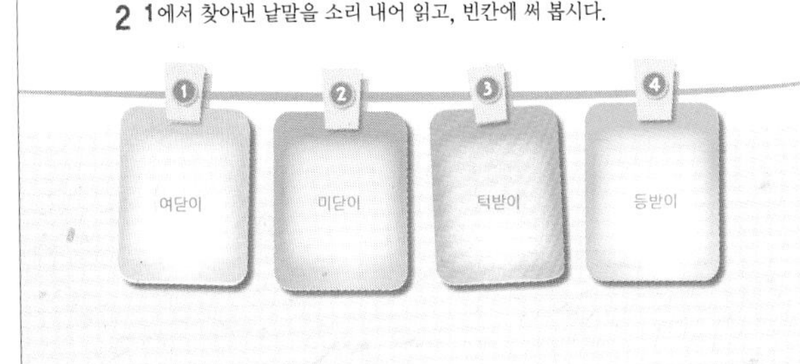

3 정말 열심히 공부했어요. 지금까지 배운 내용을 생각하며, 2에서 찾은 낱말들의 규칙을 스스로 정리해 봅시다.

'굳이'에서 'ㄷ'은 바로 뒤에 이가 오면 편하게 소리 내기 위해서 [ㅈ]로 바꾸어 소리 내요. 하지만 받침 자리에 쓸 때에는 원래 자음자로 써요.

4 부모님이나 선생님이 불러 주시는 말을 바르게 써 봅시다.

❶ 해돋이를 보다.
❷ 등받이에 기대다.
❸ 나는 우리 집 맏이이다.
❹ 화분에 물받이를 대다.
❺ 곧이곧대로 믿다.

129

54 왜 그럴까요? 자음자의 소리가 바뀌어요 (같이/가치)

1 또바기가 친구들에게 편지를 썼어요. 친구가 편지를 읽고 틀린 곳이 있다고 말하고 있어요. 편지에서 고쳐야 할 글자가 무엇인지 생각해 봅시다.

나도 친구들과 놀고 싶어.
나도 가치 놀자~
?!
가치?
여기 틀린 글자가 있어.

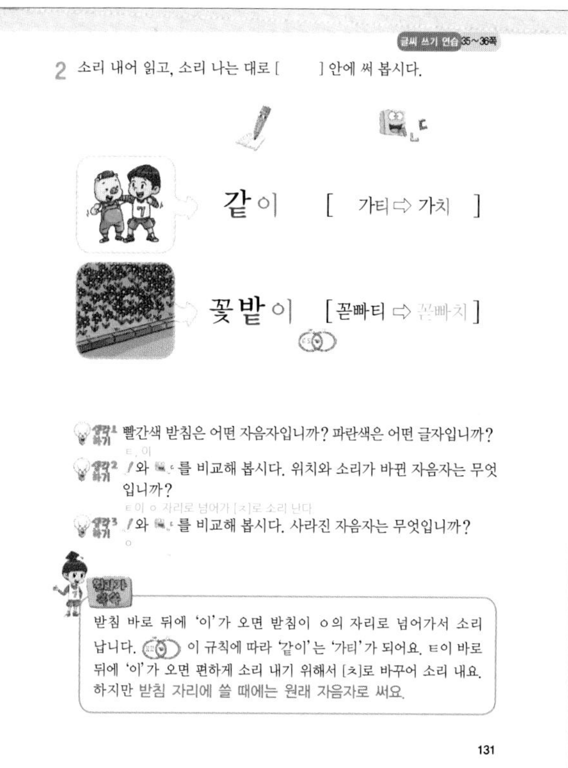

글씨 쓰기 연습 35~36쪽

2 소리 내어 읽고, 소리 나는 대로 [ ] 안에 써 봅시다.

같이 [가티 ⇨ 가치]

꽃밭이 [꼳빠티 ⇨ 꼳빠치]

생각1 하기 빨간색 받침은 어떤 자음자입니까? 파란색은 어떤 글자입니까?
ㅌ, 이

생각2 하기 와 를 비교해 봅시다. 위치와 소리가 바뀐 자음자는 무엇입니까?
ㅌ이 ㅇ 자리로 넘어가 [ㅊ]로 소리 난다

생각3 하기 와 를 비교해 봅시다. 사라진 자음자는 무엇입니까?
ㅇ

받침 바로 뒤에 '이'가 오면 받침이 ㅇ의 자리로 넘어가서 소리 납니다. 이 규칙에 따라 '같이'는 '가티'가 되어요. ㅌ이 바로 뒤에 '이'가 오면 편하게 소리 내기 위해서 [ㅊ]로 바꾸어 소리 내요. 하지만 받침 자리에 쓸 때에는 원래 자음자로 써요.

131

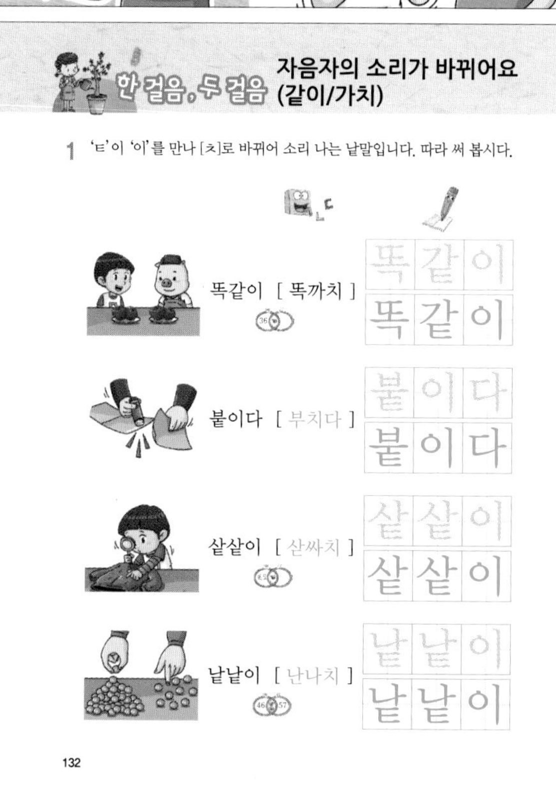

한 걸음, 두 걸음 자음자의 소리가 바뀌어요 (같이/가치)

1 'ㅌ'이 '이'를 만나 [ㅊ]로 바뀌어 소리 나는 낱말입니다. 따라 써 봅시다.

똑같이 [똑까치] 똑같이 똑같이

붙이다 [부치다] 붙이다 붙이다

샅샅이 [삳싸치] 샅샅이 샅샅이

낱낱이 [난나치] 낱낱이 낱낱이

132

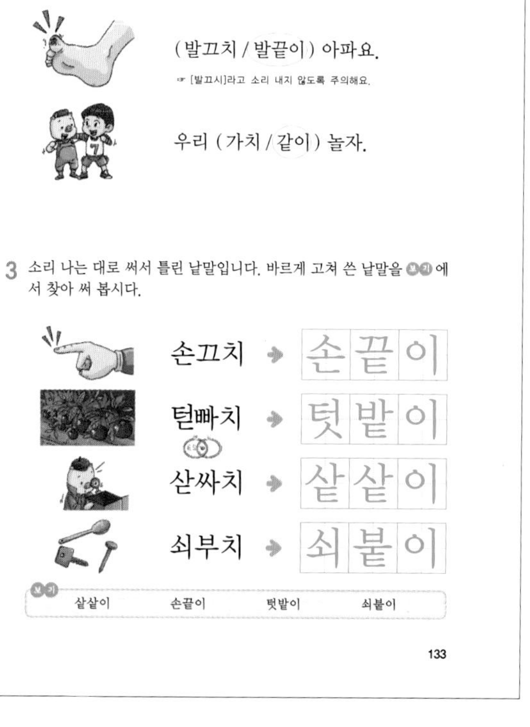

2 바르게 쓴 것에 ○표 해 봅시다.

(발끄치 / 발끝이) 아파요.

☞ [발끄시]라고 소리 내지 않도록 주의해요.

우리 (가치 / 같이) 놀자.

3 소리 나는 대로 써서 틀린 낱말입니다. 바르게 고쳐 쓴 낱말을 보기 에서 찾아 써 봅시다.

손끄치 → 손끝이

텃빠치 → 텃밭이

삳싸치 → 샅샅이

쇠부치 → 쇠붙이

보기 샅샅이 손끝이 텃밭이 쇠붙이

133

실력이 쑥쑥 자음자의 소리가 바뀌어요 (같이/가치)

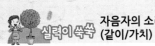

1 배운 내용을 생각하며, 틀린 글자를 바르게 고쳐 써 봅시다.

아빠랑 똑가치
아빠랑 똑같이

거치 새까맣다.
겉이 새까맣다.

콩바치 푸르다.
콩밭이 푸르다.

풀로 부치다.
풀로 붙이다.

134

2 또바기의 일기를 읽고, 틀린 부분에 ○표 해 봅시다.

20xx년 x월 x일 x요일 날씨:
집 앞 마당 화단 주변에 꽃잎들이 떨어져 있어요. 빨간 꽃잎, 노란 꽃잎, 하얀 꽃잎. 하나, 둘 주워서 내 방으로 왔어요.
하얀 도화지에 풀로 부치니까 예쁜 꼬바치 되었어요.

3 2에서 ○표 한 낱말이 들어 있는 문장을 바르게 고쳐 써 봅시다.

① 하얀 도화지에 풀로 붙이니까
② 예쁜 꽃밭이 되었어요.

135

더 나아가기 자음자의 소리가 바뀌어요 (같이/가치)

1 'ㅌ'이 '이'를 만나 [ㅊ]로 바뀌어 소리 나는 말입니다. 사다리를 타고 내려가서 소리 나는 대로 쓴 것을 바르게 쓴 말과 연결해 봅시다.

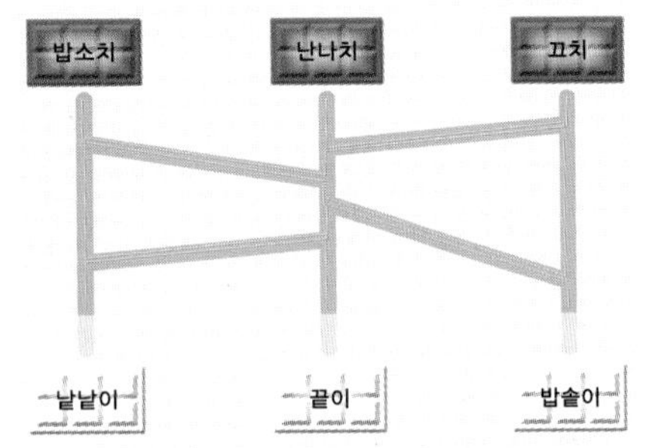

2 1에서 찾아낸 낱말을 소리 내어 읽고, 빈칸에 써 봅시다.

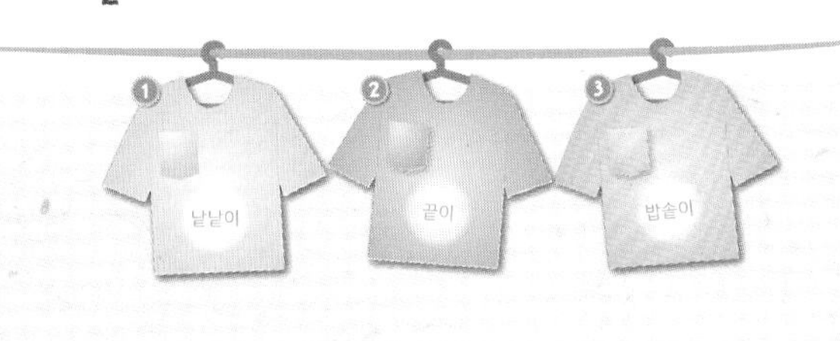

3 정말 열심히 공부했어요. 지금까지 배운 내용을 생각하며, 2에서 찾은 낱말들의 규칙을 스스로 정리해 봅시다.

'똑같이'에서 'ㅌ'이 바로 뒤에 '이'가 오면 편하게 소리 내기 위해서 [ㅊ]로 바꾸어 소리 내요. 하지만 받침 자리에 쓸 때에는 원래 자음자로 써요.

ㅊ 이

4 부모님이나 선생님이 불러 주시는 말을 바르게 써 봅시다.

① 풀로 붙이다.
② 다 같이 놀자.
③ 손끝이 시리다.
④ 똑같이 생긴 쌍둥이.
⑤ 상자의 안보다 겉이 예쁘다.

137

55 왜 그럴까요? 자음자의 소리가 바뀌어요 (닫히다/다치다)

1 또바기가 잘못 쓴 글자 때문에 엄마가 깜짝 놀랐어요. 어떤 글자를 고쳐 쓰면 뜻이 바르게 전달될지 생각해 봅시다.

우리 또바기 집에 혼자서 잘 있었니?
준비물 사러 문구점 다녀올게요. 근데 문이 세게 다쳐서 놀랐어요. 이젠 괜찮아요 걱정마세요.
쾅!
다쳐서

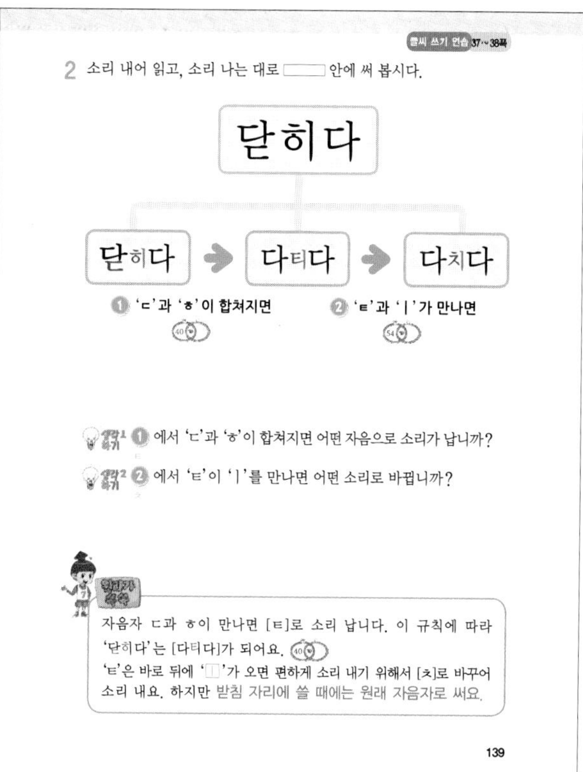

2 소리 내어 읽고, 소리 나는 대로 [ ] 안에 써 봅시다.

닫히다

닫히다 → 다티다 → 다치다

① 'ㄷ'과 'ㅎ'이 합쳐지면 ② 'ㅌ'과 'ㅣ'가 만나면

생각1 ① 에서 'ㄷ'과 'ㅎ'이 합쳐지면 어떤 자음으로 소리가 납니까?

생각2 ② 에서 'ㅌ'이 'ㅣ'를 만나면 어떤 소리로 바뀝니까?

자음자 ㄷ과 ㅎ이 만나면 [ㅌ]로 소리 납니다. 이 규칙에 따라 '닫히다'는 [다티다]가 되어요. 'ㅌ'은 바로 뒤에 'ㅣ'가 오면 편하게 소리 내기 위해서 [ㅊ]로 바꾸어 소리 내요. 하지만 받침 자리에 쓸 때에는 원래 자음자로 써요.

139

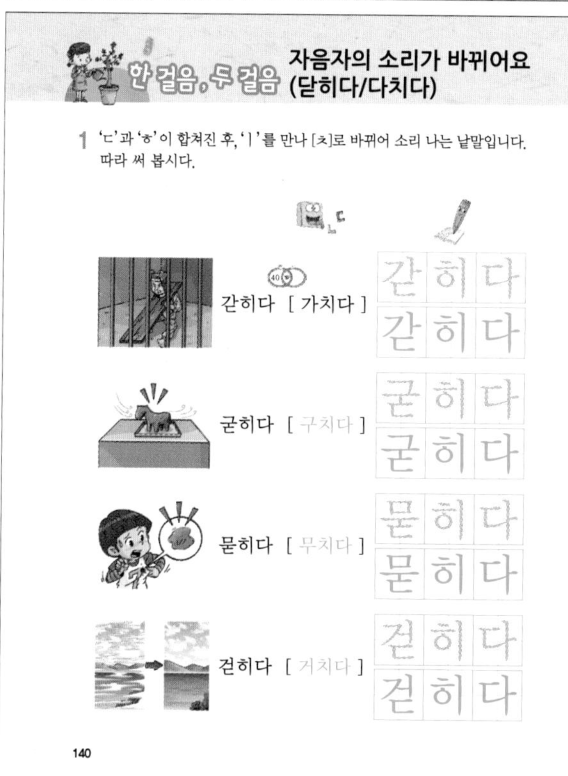

한 걸음, 두 걸음 자음자의 소리가 바뀌어요 (닫히다/다치다)

1 'ㄷ'과 'ㅎ'이 합쳐진 후, 'ㅣ'를 만나 [ㅊ]로 바뀌어 소리 나는 낱말입니다. 따라 써 봅시다.

갇히다 [가치다] 갇히다 갇히다

굳히다 [구치다] 굳히다 굳히다

묻히다 [무치다] 묻히다 묻히다

걷히다 [거치다] 걷히다 걷히다

140

2 그림에 알맞은 문장이 되도록, 바르게 고쳐 써 봅시다.

문이 쾅 다치다. → 문이 쾅 닫히다.

안개가 거치다. → 안개가 걷히다.

141

12장 'ㄷ, ㅌ'의 변신과 쓰기 마법

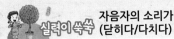

실력이 쑥쑥 자음자의 소리가 바뀌어요 (닫히다/다치다)

1 배운 내용을 생각하며, 틀린 글자를 바르게 고쳐 써 봅시다.

반죽을 말려서 구치다.
반죽을 말려서 굳히다.

바다에 무친 보물
바다에 묻힌 보물

감옥에 가치다.
감옥에 갇히다.

자동차에 바치다.
자동차에 받히다.

142

2 소리 내어 읽고, 보기 처럼 바르게 고쳐 써 봅시다.

보기

소뿔에 바쳐 다쳤어요.

소뿔에 받혀 다쳤어요.

문이 다쳐 옷이 끼다.

문이 닫혀 옷이 끼다.

옷에 오물을 무치다.

옷에 오물을 묻히다.

무대의 장막이 거치다.

무대의 장막이 걷히다.

143

더 나아가기 자음자의 소리가 바뀌어요 (닫히다/다치다)

1 어떤 의 소리일지 를 보고, 빈칸에 알맞은 자음자를 써 봅시다.

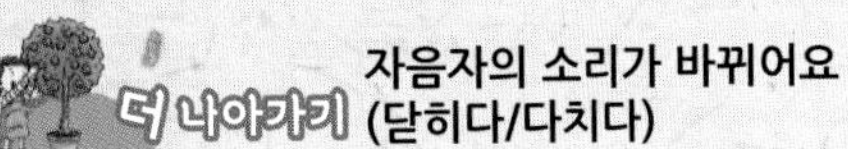

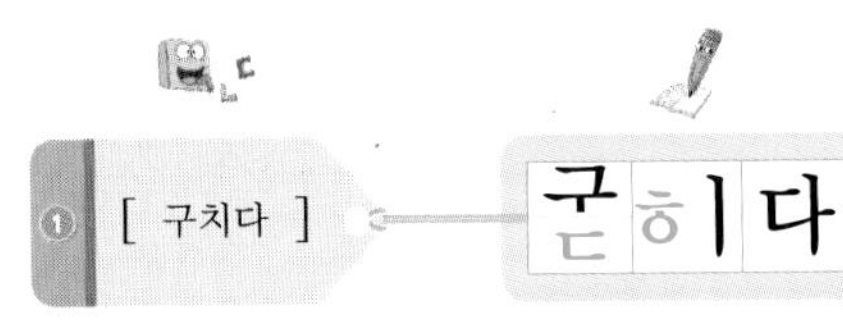

2 1에서 찾아낸 낱말을 빈칸에 써 봅시다.

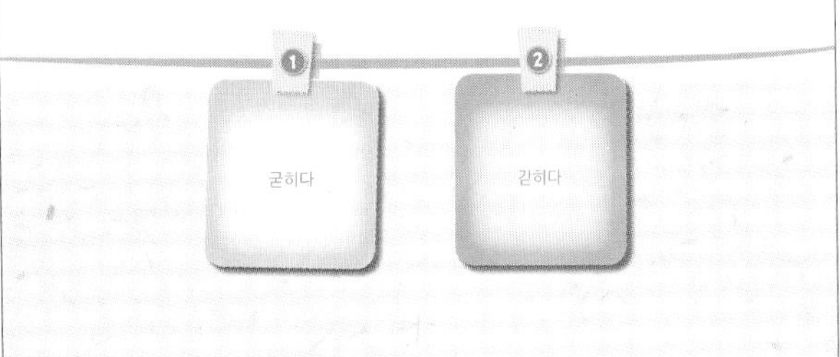

3 정말 열심히 공부했어요. 지금까지 배운 내용을 생각하며, 2에서 찾은 낱말들의 규칙을 스스로 정리해 봅시다.

자음자 ㄷ이 ㅎ을 만나 합쳐지면 [ㅌ]로 소리 나요. 이렇게 합쳐진 [ㅌ]는 바로 뒤에 [ㅣ]가 오면 편하게 소리 내기 위해서 [ㅊ]로 바꾸어 소리 내요. 하지만 받침 자리에 쓸 때에는 원래 자음자로 써요.

보기 ㄷ ㅌ ㅣ

4 부모님이나 선생님이 불러 주시는 말을 바르게 써 봅시다.

① 문이 저절로 닫히다.
② 단단하게 굳히다.
③ 꼼짝 못하게 갇히다.
④ 옷에 물감을 묻히다.
⑤ 구름이 걷히고 달이 보인다.

145

같이
웃다